FELIZ

A **ARTE** DE **DESCOMPLICAR**

JOSÉ CARLOS DE LUCCA

FELIZ

A **ARTE** DE **DESCOMPLICAR**

O autor cedeu os direitos autorais deste livro para o
Centro de Tratamento Bezerra de Menezes
Entidade voltada ao tratamento da Saúde Mental e Dependência Química
Obra da Instituição Assistencial Emmanuel - CNPJ: 59 150 318/0001-00
Rua Batuíra, 400 - CEP 09861-550 - Bairro Assunção - S. Bernardo do Campo - SP

Copyright© Intelítera Editora

Editores: *Luiz Saegusa e Claudia Zaneti Saegusa*
Direção Editorial: *Claudia Zaneti Saegusa*
Capa: *Casa de Ideias*
Fotografia de Capa: *evgenyatamanenko/Istock*
Projeto Gráfico e Diagramação: *Casa de Ideias*
Revisão: *Rosemarie Giudilli*
Finalização: *Luiz Saegusa e Mauro Bufano*
2ª Edição: *2023*
Impressão: *Lis Gráfica*

Rua Lucrécia Maciel, 39 - Vila Guarani - CEP 04314-130 - São Paulo - SP
11 2369-5377 - www.intelitera.com.br

Esta obra foi editada anteriormente
com outra capa e o mesmo conteúdo.

Dados Internacionais de Catalogação na Publicação (CIP)
(Câmara Brasileira do Livro, SP, Brasil)

De Lucca, José Carlos
   Feliz / José Carlos De Lucca. - - 1. ed. --
São Paulo : Intelítera Editora, 2015.

Bibliografia.

1. Autoconhecimento 2. Espiritismo
3. Felicidade 4. Reflexões I. Título.

15-08469   CDD-133.901

Índices para catálogo sistemático:
1. Felicidade : Reflexões : Espiritismo   133.901
ISBN: 978-65-5679-037-4

Aprendi a deixar os dias mais simples, mais leves... Comecei a acreditar que ser feliz é descomplicar a vida, pelo lado de dentro!

Chico Xavier[1]

---

1 http://pensador.uol.com.br/frase/MTQzMDk1MQ/ - acesso em 12 de julho de 2015.

*Dedico este livro a mim, a você e a todos
aqueles que também acreditam na felicidade.*

Escrevi este livro pensando em nós.

Caro leitor,

Se você puder, pare um pouquinho o que estiver fazendo e pense:

Por que tanta pressa?

Por que tanta inquietação?

Por que tanto medo?

E esse seu cansaço, essa cara triste, preocupada, ansiosa por tanto futuro e pouco presente?

Coloque a mão no seu peito e sinta seu coração bater. É a vida pulsando em você - uma vida que pede mais calma, mais alegria, mais simplicidade e mais desfrute das situações, das pessoas e coisas que estão à sua volta.

Desfrute este livro e este momento e sinta-se feliz.

Problemas vão e voltam, mas você é para sempre...

De Lucca

Sumário

1 - Feliz Agora..11
2 - Tenha um Bom Olhar.............................17
3 - Estar no Céu...23
4 - O Segredo das Pessoas Felizes.........29
5 - Coração Humilde..................................35
6 - Como se Amar......................................41
7 - Turma da Bicicleta...............................45
8 - Olhos de Alegria...................................53
9 - Arrumando o Porão..............................57
10 - Passarinho..63
11 - Use Cepacol.......................................67
12 - Seja o Amor..73
13 - Sejamos Doces..................................77
14 - Comece a Viver..................................85
15 - Simplesmente Você............................91

16 - O Que os Coelhos Podem nos Ensinar 95
17 - Resgate-se 103
18 - O Amigo Mais Amigo de Você 107
19 - Pequenas Felicidades 113
20 - Felicidade Aprendida 117
21 - Você Pode Fazer Mais 123
22 - Qual é o Nosso Tamanho? 131
23 - Despache a Sua Bagagem 141
24 - A Oração que Cura 145
25 - Enamorar-se 149
26 - Encontre a Sua Pérola 153
27 - A Equação da Felicidade 163
28 - O Que Você Faz Para Ser Feliz? 171
29 - O Poder de Escolha 175
30 - A Maior Missão de Nossa Vida 183

1 *Feliz Agora*

Ser feliz é tudo o que almejamos. No entanto, muitas vezes, colocamos tantas condições, que a felicidade vai se distanciando de nós. "Só serei feliz quando...", e a lista não tem fim.

Enquanto aguardamos as condições, metas e sonhos se realizarem, a vida corre, o tempo passa, e nós, esperando...

Está certo esperar que coisas boas nos aconteçam amanhã – isso nos faz otimistas. Mas o que é que eu faço com a vida agora? Jogo no lixo? Rezo para passar logo? Invejo a vida dos outros?

Bom mesmo é começar a pensar em felicidade já! Ser feliz agora! "Mas eu tenho problemas" – você dirá. Ora, problemas teremos sempre e, se formos esperar a felicidade para o dia em que todos os nossos problemas estiverem resolvidos, certamente, partiremos desta vida de braços dados com a infelicidade.

Viver é defrontar-se com uma sequência de coisas alegres e tristes, com vitórias e fracassos, acertos e erros, possibilidades e impossibilidades.

Como não dá para pensar numa vida em que tudo ocorra sempre do jeito que idealizamos, o melhor é encontrar no real, no possível, no concreto e no humano a possibilidade de ser feliz. E isso somente será possível se não fizermos tantas exigências, cobranças e se não tivermos expectativas exageradas. Afinal de contas, como escreveu o Gonzaguinha, "somos nós que fazemos a vida, como der ou puder ou quiser".²

Comece tirando as condições que você estabeleceu para ser feliz e, certamente, a felicidade surgirá naturalmente em sua vida. Não espere que coisas boas lhe aconteçam para que você fique, então, feliz. Fique feliz agora, feliz por nada, feliz por, simplesmente, estar vivo, feliz por ser quem você é, feliz pela sua capacidade de dar um jeito em todas as coisas que não estão legais em sua vida no momento. E mais: feliz porque você merece, pois felicidade é um direito natural, por sermos filhos de Deus, um estado de espírito que, muitas vezes, não sentimos, porque sobrecarregamos demais a nossa mente com cobranças, frustrações, culpas, encrencas e chatices.

Descomplicar a vida facilita tanto a felicidade! Por isso, bem disse Martha Medeiros: "Benditos os que conseguem se deixar em paz. Os que não se cobram por não terem cumprido suas resoluções, que não se culpam por terem falhado, não se torturam por terem sido contraditórios, não se punem por não terem sido perfeitos. Apenas fazem o melhor que podem".³

Neste primeiro capítulo do livro, eu faço esse apelo a você: Comece a se deixar em paz! Livre-se dos pensamentos que infernizam sua vida com julgamentos, cobranças, culpas, exigindo de você uma perfeição que nem mesmo

---
2   Trecho da canção *O que é, o que é*.
3   *Feliz por nada*, L&PM Editores.

Deus está lhe cobrando. Como ensinou Francisco de Assis, "Deus não espera coisas impossíveis de nós. Quando temos fome, ele quer que comamos. Sempre façam o melhor que puderem e fiquem em paz. O Senhor cuidará do resto".[4]

Vamos fazer o melhor ao nosso alcance! E, do que não estiver dentro das nossas possibilidades, Deus cuida. Isso é humano, e admitir essa condição é o que abre as portas da felicidade. As circunstâncias externas a gente conserta, repara, muda ou larga. Mas aqui, dentro de nós, deve haver um céu azul, uma sensação de aconchego, uma paz interior, que decorre da aceitação de nós mesmos, dos nossos limites, dos limites das pessoas e da consciência de que estamos fazendo o melhor ao nosso alcance.

Por isso, nessa aventura que é a vida, a postura mais sensata é: relaxe! A felicidade pede calma e vai se abrindo quando estamos mais leves, sem grandes expectativas e exigências. Abandone o "eu tenho que ser feliz", e sinta o "eu já sou feliz". Para que isso aconteça agora mesmo, entre bem dentro de você e ponha-se em paz. Acabe com as guerras, conflitos, culpas, traumas e com o perfeccionismo que tanto o machuca!

Jesus afirmou que a coisa mais importante que devemos fazer é buscar o Reino de Deus, um reino que está dentro do nosso coração e onde há paz, amor e alegria. Quando isso acontecer (e quero crer que isso já esteja ocorrendo neste exato instante), quan-

---
4   *São Francisco de Assis*, Mary Emmanuel Alves, Paulinas.

do você sentir aquele alívio já tomando conta de você, aquela paz envolvendo seu corpo e aquele leve sorriso se abrindo lentamente em seus lábios, uma voz suave e serena lhe dirá:

– *Muito prazer, eu sou a felicidade!*

Leonid and Anna Dedukh | Shutterstock

2 Tenha um Bom Olhar

Albert Camus, escritor francês, afirmou que ajudamos muito mais uma pessoa dando dela própria uma imagem favorável do que apontando constantemente os seus defeitos.

Quem deseja ser feliz precisa meditar a respeito desse conselho. Nós adoramos quando as pessoas ressaltam nossos aspectos positivos. Sentimos um bem-estar incrível quando somos elogiados. Porém, raramente fazemos isso conosco.

Em regra, temos a tendência de mais nos criticarmos do que nos elogiarmos. Costumamos colocar em destaque os nossos erros e fechamos os olhos para os nossos acertos. Absurdamente, parece que "comemoramos" as derrotas e fazemos um eterno silêncio para as nossas vitórias. Quando agimos bem, quando conquistamos algo, parece que uma voz nos diz: "não fez nada mais do que a sua obrigação".

Com isso, criamos uma imagem negativa de nós mesmos, porque só enaltecemos os nossos pontos fracos, e, paradoxalmente, eles acabam se tornando mais fortes. E, assim, não dá para ser feliz, pois a sensação interna que essa imagem negativa provoca é a de que somos fracassados, defeituosos e inadequados.

A felicidade é fruto de um bem-estar íntimo, é você se sentir confortável consigo mesmo. E isso pressupõe que você tenha uma imagem favorável a seu próprio respeito. Você precisa se aprovar! Não é deixar de olhar para os seus defeitos, mas entender que você, a despeito de possuí-los, é muito maior do que as imperfeições do momento.

Você não é o seu defeito! Você é criação divina e, portanto, não foi concebido com imperfeições. Aquilo a que chamamos de "defeito" é apenas desconhecimento da nossa grandeza espiritual, ainda não descoberta. Quanto mais você conseguir ver as coisas boas que há dentro de si, mais você irá se sentir bem consigo mesmo e se estimulará a ser melhor a cada dia.

Gosto muito de pensar quando Jesus afirma que somos a luz do mundo e que a nossa luz deve brilhar![5] Isso me ajuda muito a não fazer de mim um "monstro pecador" quando me deparo com minhas imperfeições. É certo que olho para elas, mas fico com a ideia de Jesus, de que sou uma luz que, naquela situação, ainda não brilhou o suficiente. Não apague a sua luz! Faça-a brilhar, sempre mais! É assim que passará a se sentir feliz com quem é, com quem pode ser hoje e com quem ainda poderá ser amanhã.

Imaginemos agora, fortemente, que teremos um encontro com Deus. Ele deseja nos falar algo importante. Um sentimento de temor poderá tomar conta de nós. Provavelmente, acreditamos que Deus chegará com uma lista enorme, apontando os nossos defeitos e pecados. Fica-

---
[5] Mateus 5, 14.

mos de joelhos e de olhos voltados para o chão, tamanha é a nossa vergonha.

O ambiente tenso, então, se modifica. Há música no ar. Os anjos entoam cânticos, as flores soltam seus aromas, os poetas declamam lindos versos e as crianças brincam livres. Nós não O vemos, mas sabemos que Deus está presente e muito feliz por nos encontrar. Sentimos que Ele, carinhosamente, nos põe em pé e nos enche de abraços, beijos e palavras de estímulo.

Embora ainda sem conseguirmos enxergá-lo, registramos suas doces palavras. Ele não nos fala das nossas quedas, mas exalta a nossa capacidade de superação. Ele não nos diz uma palavra sobre os nossos erros, mas fala sobre as nossas virtudes. Deus nada comenta sobre o nosso passado, mas tem esperança em nosso presente.

Eu, que me sentia preso a um inferno de culpas, agora sinto a leveza do céu. Tenho certeza de que você está tomado desse mesmo sentimento. E sei que Ele faz tudo isso simplesmente porque nos enxerga com os olhos do amor.

Por certo, esse encontro com Deus não foi mera ficção literária. Estou convencido de que Deus veio ao nosso encontro para auxiliar o filho que estava em dificuldades. E a maior ajuda que Ele nos trouxe é transformar o modo como nos vemos.

Que passemos a usar as lentes pelas quais Ele nos enxerga: lentes de amor, bondade e ternura.

Eu fiz essa experiência quando escrevia este capítulo. Timidamente e por alguns segundos, consegui me olhar de um jeito melhor, do jeito que Deus me enxerga. E sabe o que me aconteceu? Acho que consegui enxergar Deus. E vi, com os olhos da alma, que Deus é uma criança sorrindo para nós!

3 Estar no Céu

Aprendi com Osho um caminho muito interessante sobre o desenvolvimento espiritual. Ele afirma que a questão não é ir para o céu, e, sim, aprender a arte de estar no céu, onde quer que você esteja.[6] Estou certo de que, se aprendermos essa arte a que Osho se refere, a felicidade surgirá, tal qual a água que sai da torneira quando aberta.

Eu sempre imaginava que, somente no dia em que estivesse no céu, eu seria feliz. Esse "céu", para mim, era o momento em que tudo estivesse dando certo em minha vida: saúde perfeita, relações afetivas plenas, prosperidade a mil, muitos amigos e nenhum inimigo, viajando aos locais mais lindos do planeta, vestindo as roupas mais caras e cercado de gente bonita e inteligente. Um verdadeiro paraíso, concorda?

Mas, enquanto esse céu não chegava, eu vivia criando verdadeiros infernos em minha vida, e o resultado disso era que a felicidade ficava cada vez mais distante de mim. Um céu longe demais, inatingível, o que me dava a sensação de uma frustração quase depressiva. O nome disso era infelicidade.

É isso mesmo: eu infernizava a minha vida, embora desejasse a felicidade. Descobri que, dessa forma, jamais iria me sentir feliz, mesmo depois que morresse e atingisse o céu. Era provável que nem no paraíso eu seria feliz, porque não havia aprendido a construir um céu dentro de mim. Eu morava no inferno de emoções destrutivas e,

---

[6] *Meditações para o Dia*, Verus Editora.

se quisesse ser feliz, eu precisava mesmo aprender a estar no céu, onde quer que eu estivesse e como estivesse.

Passei a observar as pessoas felizes e concluí que elas têm, pelo menos, duas características fundamentais para se sentirem no céu, quaisquer que sejam as condições à sua volta: aceitação e amor. Fiz uma autoanálise para ver se eu tinha essas características, e logo descobri por que vivia infeliz.

Aceitação. Fui reprovado de cara. Como eu agia reprovando a tudo e a todos, a começar por mim! Eu não aceitava as pessoas do jeito que são e, por isso, vivia me encrencando com elas, normalmente querendo modificá-las. Quanta briga inútil! Mas eu também não me aceitava, brigava comigo, me rebaixava e me frustrava, por não ser aquilo que eu idealizava.

O excesso de orgulho me deixava sempre descontente comigo e com os outros, porque jamais atingiríamos os elevados padrões perfeccionistas que eu impunha. Eu nunca conseguia comemorar as minhas vitórias, pois, apesar das minhas conquistas, sempre achava que deveria ter sido melhor, sempre acreditava que faltava alguma coisa que eu deveria ter dito ou feito. Elogiar os outros, então, nem pensar! Eu sempre acabava encontrando um defeito neles para acabar com a festa! Mas, no fundo, eu estava acabando era com a minha felicidade – e com a deles, também. Isso era o tormento em que eu vivia!

Amor. Quando pensei nesse requisito, logo desanimei! Como posso amar alguém que eu não aceito? Como posso amar alguém que reprovo a todo instante? Como posso amar alguém que não admiro? Conclusão chocante: eu não me amava e, por consequência, não amava ninguém. Dá para entender por que estava no inferno? Eu não me amava, não amava ninguém, mas queria ser amado por todos!

O maior inferno é você se sentir sozinho. A carência afetiva é a chama que mais queima em nossa alma! Mas é a gente que ateia esse fogo, quando não dá amor para si mesmo, e, por conseguinte, não dá amor aos outros. Estou aprendendo que tudo o que desejamos para nós precisamos, primeiramente, dar aos outros. O que hoje falta em nossa vida é o resultado do que não estamos dando a ela.

A Lei Espiritual é "dar para receber". Comece por você, mas não pare em si mesmo, a fim de que o círculo do amor em sua vida jamais se interrompa. Quanto mais amor você der, mais irá receber, e, quanto mais receber, mais irá se sentir feliz em dar.

Quando adquirimos essas duas simples virtudes (o que pode começar a ser feito a partir de agora), mudamos substancialmente o nosso mundo interior, mudamos a nossa energia. Saímos do inferno e vamos para o céu, onde quer que estejamos.

Falta de aceitação e amor: brigas, julgamentos, frustrações, vazio interior, hostilidade, cobranças perfeccionistas, competição, tristeza, melindres, autodepreciação, mágoas, doenças, miséria e infelicidade.

Aceitação e amor: compreensão, tolerância, plenitude, cooperação, alegria, paz interior, compaixão, autovalorização, perdão, saúde, prosperidade, abundância e felicidade.

O céu ou o inferno vivemos aqui mesmo. O caminho nós é que escolhemos!

4 O Segredo das Pessoas Felizes

Pesquisas realizadas em vários países do mundo chegaram à conclusão de que as pessoas felizes possuem quatro atributos básicos:[7]

1) Boa autoestima.
2) Senso de controle.
3) Otimismo.
4) Sociabilidade.

Você pode ter olhado essa pequena lista e concluído que não é bom em pelo menos algum desses pontos e, por isso, já desanimou de prosseguir com a leitura. Espere um pouco! Se não estamos bem no que diz respeito a tais atributos, não é o caso de nos aprimorarmos, aprendendo como melhorar? Ou estamos desistindo de ser feliz? Creio que esse não seja o seu caso, já que se encontra com este livro às mãos.

Ser feliz é algo que a gente vai aprendendo com a vida. A grande maioria de nós não nasce com o "chip" da felicidade, mas podemos "instalá-lo" no decorrer da existência, e é isso o que distingue as pessoas que se fazem felizes daquelas que passam a vida toda reclamando da falta de felicidade.

Vamos, então, sacudir esse infeliz que está morando conosco há tempos?

Primeiro atributo: Pessoas felizes têm boa autoestima. Elas se sentem felizes com elas mesmas, se aceitam, gostam de si, não vivem se comparando a outras pessoas, não morrem de inveja. Admiram-se, reconhecem seus potenciais, sem se sentirem superiores a quem quer que seja.

---

[7] *Basta pensar diferente*, Sarah Edelman, Editora Fundamento.

Elas reconhecem que têm pontos fracos, mas não se infernizam por isso, pois acreditam que, como são boas, as suas imperfeições são traços humanos que, pouco a pouco, vão sendo superados, exatamente porque se amam e, dessa maneira, desejam o melhor para si.

Segundo atributo: Esteja no controle das coisas. Lembre-se sempre de que o nosso destino é moldado pela lei de ação e reação. Então, procure assumir o controle da sua vida, gerando atitudes positivas que voltarão a você, inexoravelmente. Se você não estiver no comando da sua vida, alguém, provavelmente, fará isso por você, e tal situação, quase sempre, é causa de infelicidade, pois a única pessoa que pode fazê-lo feliz é aquela que você enxerga quando se olha no espelho.

E, quando algo desagradável ocorrer, quando algum problema surgir, continue no controle da situação. Não fique reclamando ou se queixando da vida (atitudes características dos infelizes), não fique procurando culpados, e responda a esta pergunta básica, que está na cabeça de gente feliz: O que é que eu farei com isso que me aconteceu?

Terceiro atributo: Pessoas felizes são otimistas. Acredite que tudo em sua vida começa na mente, no pensamento. Quando você pensa determinada coisa, você tem as sensações que o pensamento gerou e, provavelmente, será levado a materializar o que passou em sua mente.

Os infelizes costumam fixar o pensamento em como as coisas poderiam ter sido. E, desse pensamento, surgem sensações desagradáveis, como tristeza, amargura, fracasso e revolta, que deixam qualquer pessoa afundada no lodo da infelicidade. Já as pessoas otimistas pensam em como as coisas podem vir a ser. Isso é otimismo, pura injeção de felicidade!

Quarto atributo: Sociabilidade. Pessoas felizes são sociáveis, expansivas, cooperativas, comunicativas, estão empenhadas em se relacionarem bem com as pessoas. Nesse aspecto, as pessoas infelizes, via de regra, são de difícil trato, geniosas, competitivas, levam tudo para o lado pessoal, mostram uma tendência ao isolamento social, suas relações, geralmente, se restringem ao âmbito da família.

Uma boa sociabilidade é condição primordial para a felicidade, pelo simples fato de que ninguém vive sozinho e ninguém é autossuficiente. Como não vivemos isolados numa ilha, a toda hora e a todo instante, estamos interagindo com as pessoas, fazendo trocas, doando e recebendo, e, no mais das vezes, recebendo na mesma medida em que doamos. Por isso é que gentileza gera gentileza, cooperação atrai cooperação, sorriso desperta simpatia e assim por diante.

Estou certo de que é por essa razão que Jesus estabelece a regra de ouro para qualquer relacionamento feliz: faça ao seu próximo o que você gostaria que ele fizesse a você. No entanto, em grande parte das vezes, fazemos aos outros o que jamais admitiríamos que fizessem a nós. Por essa razão, a maior fonte da infelicidade são os relacionamentos conflituosos, marcados pelo egoísmo, pela violência e pela indiferença à felicidade do outro, de onde resulta o comprometimento da nossa própria felicidade.

* * *

Bem, acabamos de, rapidamente, identificar o que nos faz felizes e o que nos afasta da felicidade. Que rumos vamos tomar agora? Continuar do jeito que estamos? Achar que tudo isso é muito difícil? Que dá muito trabalho? Eu estou convencido de que o que dá muito trabalho é continuar sendo infeliz, o que nos faz sofrer é a falta de amor próprio, o que nos torna vítimas é não colocarmos a vida em nossas mãos e o que mata a nossa felicidade é acharmos que os outros são o inferno!

5 Coração Humilde

Jesus falou diretamente sobre a felicidade no Sermão da Montanha, considerado por muitos como um dos escritos espirituais mais profundos de que a humanidade tem conhecimento. Dentre outras ideias incríveis sobre o tema, Jesus afirmou que felizes são os pobres em espírito.[8]

Com essa sentença, Jesus desloca a questão da felicidade do plano da matéria para o plano do espírito, do mundo exterior para o mundo íntimo. Creio que todos nós temos conhecimento de pessoas abastadas financeiramente e que até gozam de prestígio, poder e fama, mas, nem por isso são felizes. Muitas vezes, os noticiários nos surpreendem com a morte de pessoas ricas e famosas que deixaram a vida pelas portas do suicídio. Mesmo com todo o respeito que devemos a elas, não podemos dizer que eram felizes.

Não estou aqui pregando contra a riqueza. De forma alguma. Ter uma vida minimamente digna é essencial para a felicidade. Mas, passando disso, não há nenhuma garantia de que, quanto mais eu tiver, mais feliz eu serei. A propósito, vejamos a surpreendente resposta que o renomado psiquiatra Flávio Gikovate deu quando perguntado se dinheiro andava comprando mais felicidade ou infelicidade:

Esses dias, uma moça me perguntou se era possível ser feliz sendo pobre. Estudos de Harvard mostram que, se faltar dinheiro para o básico – saúde, comida – provavelmente, o indivíduo não consegue ser feliz. Algum para o supérfluo também é importante. Agora, de um ponto para cima, ele pode atra-

---

[8] Mateus 5, 3.

palhar bastante. O consumismo é muito mais fonte de infelicidade do que de felicidade. O prazer trazido é efêmero, uma bolha de sabão – e, em seguida, vem outro desejo. Ele gera vaidade, inveja, uma série de emoções, que estão longe de qualquer tipo de felicidade. E tudo vira comparação. Outro estudo diz que um indivíduo que ganha US$ 40 mil numa comunidade em que a média é de US$ 30 mil é mais feliz do que se ganhar US$ 100 mil e a média for de US$ 120 mil.[9]

Por isso, quando Jesus se refere à felicidade, ele afirma que é preciso ser pobre em espírito, o que nada mais é do que ser humilde, desapegado, simples, desprovido de arrogância. O orgulho é um dos agentes mais destruidores da nossa felicidade, pois ele exacerba os nossos instintos naturais e, a partir de então, passamos a exagerar no que se refere às nossas necessidades e sentimentos.

Esse exagero nos leva a algumas situações: temos que ser os melhores em tudo, temos que ter mais do que os outros, temos que ter tudo, temos que ser os primeiros em tudo, nos sentirmos maiores, melhores e mais importantes do que os outros, os quais acreditamos que nos devem atenção irrestrita e permanente.

Creio que deu para perceber o quanto sofremos sendo assim, não acha? Por quantas frustrações, melindres, contrariedades, brigas, competições e inveja passamos com nosso orgulho! Sem falar que ele nunca nos deixa em paz, porque, por mais tenhamos atingido determinadas metas,

---

[9] http://flaviogikovate.com.br/o-consumismo-da-elite-e-desespero-revista-epoca-negocios/ - acesso em 03 de abril de 2015.

sempre faltará ainda alguma coisa para satisfazer nossa alma insaciável. Nunca estaremos felizes, pois sempre faltará algo para conquistarmos. É um poço sem fundo!

Já o coração humilde, que Jesus coloca como condição da felicidade, nos permite uma vida satisfatória, na medida em que evita o exagero das nossas paixões. E por que evita? Porque quem é pobre em espírito é humilde, isto é, não é pretensioso, ganancioso, e, assim sendo, consegue desfrutar melhor o que tem, aquilo que foi capaz de conquistar, e, por isso, tem mais alegria e menos frustrações. Ele consegue ficar contente com o que é e com o que tem!

Segundo Frei Beto, a palavra humildade deriva de *humus*, terra – humilde é quem tem os pés na terra e não se considera nem maior nem menor do que realmente é.[10] Isso nos ajuda não apenas a viver mais em paz conosco, como também a viver melhor com os outros, pois a humildade evita que tenhamos expectativas exageradas das pessoas, facilitando uma convivência mais feliz e sem muitas frustrações.

A humildade também nos permite encontrar a felicidade nas coisas simples da vida. Aliás, muita gente vive procurando a felicidade somente nas coisas espetaculares, grandiosas, apoteóticas. Esses momentos são raros em nossa vida e, talvez, para a grande maioria das pessoas, jamais aconteçam. Por isso é que não acredito que a fonte de felicidade esteja, definitivamente, nessas ocasiões excepcionais.

Creio que haja outros momentos, lindos e felizes, os quais raramente percebemos. Escreve Leila Ferreira que o

---

[10] *Oito Vias Para Ser Feliz*, Planeta.

tecido da felicidade é feito de fios quase invisíveis.[11] Há uma felicidade cotidiana ainda a ser descoberta por todos nós. E somente um pobre em espírito é capaz de percebê-la escondida num abraço que dá no seu filho quando chega em casa, ou quando percebe, quase assustado, que tem vínculos afetivos com seu parceiro, amigos e familiares, que desfruta a boa companhia deles, que deseja vê-los realizados e faz de tudo para que isso aconteça.

Um pobre em espírito direciona o olhar para as belezas que saltam aos olhos diariamente, admirando uma árvore florida que não plantou e que está no seu caminho todos os dias, ao ligar o rádio e ouvir aquela canção da sua vida, ao ir para a cama com um bom livro, tomar um café com bolinho de chuva com uma amiga, caminhar junto à beira-mar ou num parque. Sabe agradecer mais do que reclamar. Comemora suas pequenas vitórias. Celebra a exuberância da vida nas coisas mais simples que ela nos dá!

Se você for pobre em espírito, pode se dar isso agora mesmo.

É só você se permitir!

---

11 *Felicidade: menos, por favor*, Principium.

pathdoc | Dollar Photo

6 Como se Amar

A felicidade pede uma boa dose de autoamor.

Amar ao próximo faz bem, mas, para que o amor chegue até outro alguém, ele precisa, primeiro, passar por nós mesmos.

O que é se amar?

Amar a si mesmo é aceitar-se sem se acomodar às suas imperfeições.

É admirar-se sem se achar a melhor pessoa do mundo.

É confiar em você, mesmo sabendo que você pode falhar.

É cuidar de você, para estar em condições de cuidar do outro.

É dar-se um voto de confiança quando o mundo o condena.

É sempre estar ao seu lado quando o mundo o abandona.

É fazer por si aquilo que você está esperando do outro.

É fazer pelo outro aquilo que de bom você faz a si mesmo.

É ficar do lado da esperança quando tudo lhe parece perdido.

É expulsar da mente os pensamentos que o assustam.

É varrer do coração as emoções que o machucam.

É terminar de ler essa lista e começar a fazer algo por si, agora mesmo!

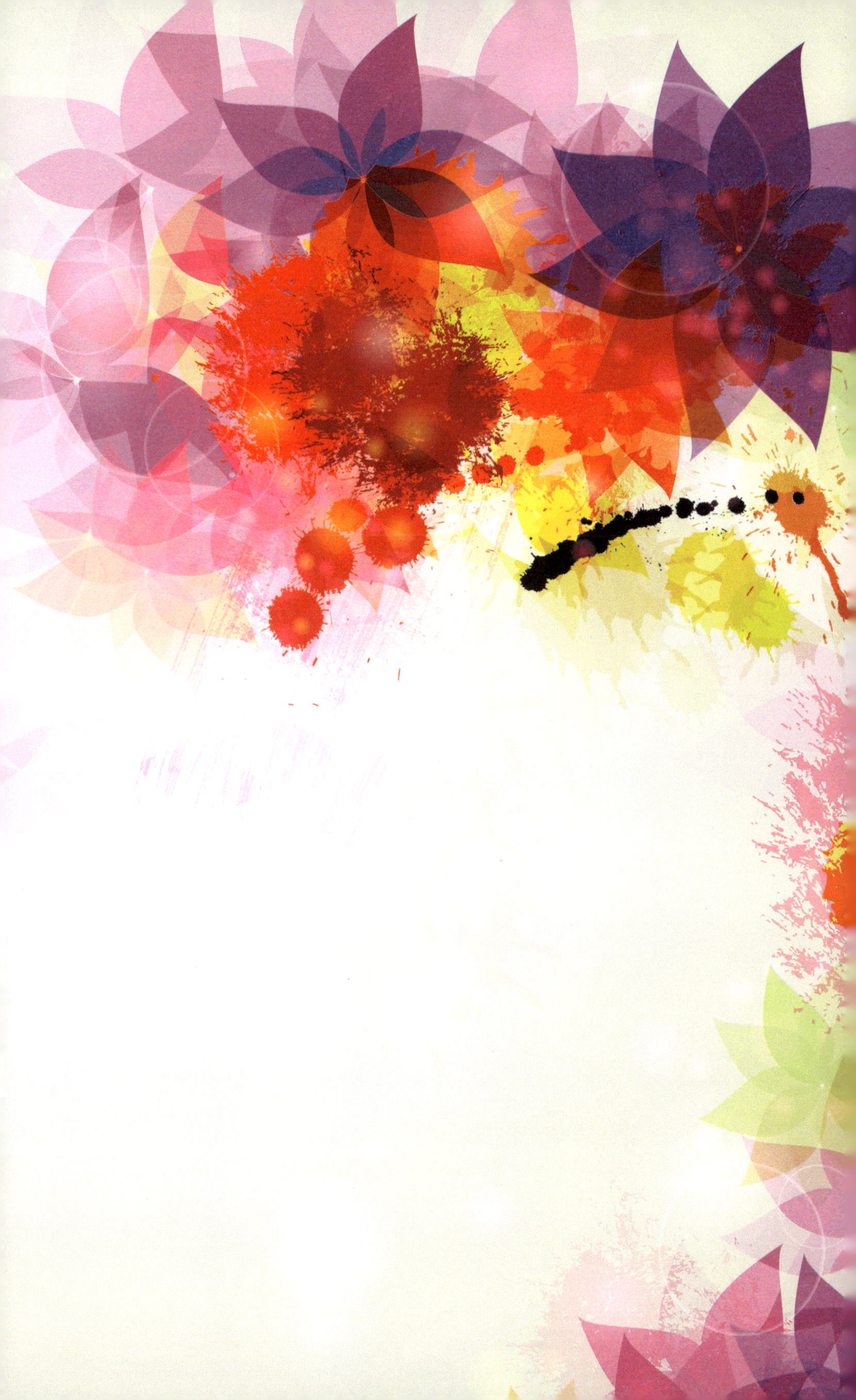

Monkey Business Images | Shutterstock

7 Turma da Bicicleta

Li esta crônica do ator Ary Fontoura, publicada no dia em que ele comemorava 82 anos de vida:

O dia 27 de janeiro é o dia do meu aniversário e de outros tantos aquarianos que decidiram desembarcar nesse planeta para essa longa jornada que é a vida. Já são 82 primaveras, enchendo a bagagem de experiências, umas boas e outras... deixa pra lá. Mas, por incrível que pareça, quanto mais cheia é essa "bagagem da vida", mais leve ela parece ficar. Ao longo dessa viagem, acumulei sonhos e uma lista infindável de conquistas e desejos: Desejei ter um milhão de amigos, conquistei de verdade uns dois ou três para uma vida inteira; sonhei ter 1.90 de altura e ser o mocinho da novela das 8, não fui escalado para o mocinho, mas carrego um currículo com mais de 40 telenovelas e o eterno Nonô Correia, o mais popular dos meus personagens; desejei ter um patrocinador para fazer teatro e hoje estou em cartaz com 'O Comediante' em São Paulo, e torço para que o Bradesco continue a nos apoiar; desejei ter uma casa, um carro, e uma piscina no quintal, conquistei com o meu trabalho; sonhei viajar para os anéis de Saturno, fui parar na Disney, e me diverti; desejei brindar o último réveillon com uma garrafa de Veuve Clicquot, me ofereceram uma taça de cidra e adorei; desejei que chovesse nos últimos dias, mas a minha cidade e o meu jardim estão torrados pelo sol escaldante de um verão seco; desejei que as calotas polares parassem de derreter, não pararam; desejei ter um cachorro, hoje tenho 3 e sou sócio da Suipa; sonhei com um país socialista igualitário, passei por uma ditadura militar, e acabei refém de um capitalismo cruel; desejei, de coração, um mundo melhor para o homem, para que fôssemos mais alegres e menos calejados e, confesso, nunca deixarei de sonhar. E, depois de tanto encher essa "bagagem da vida" com desejos e sonhos, percebi com o tempo que os grandes valores estão nas coisas mais simples da vida, e aprendi a respeitar o ser humano, as diferenças, as opiniões, as limitações, entendendo que o mais importante nessa viagem é ter saúde no corpo, paz na alma, amor no coração e fé para ser feliz![12]

Ao ler essa crônica, eu fiquei com a certeza de que o Ary Fontoura é feliz! Encontro nele traços marcantes de felicidade, que podemos colocar em nossa bagagem na "longa jornada que é a vida", expressão sábia, de que ele mesmo se utiliza. De sua bela crônica, gostaria de destacar alguns pontos que considero essenciais para ser feliz:

Já são 82 primaveras, enchendo a bagagem de experiências, umas boas e outras... deixa pra lá.

Em sua bagagem de vida, Ary admite que teve experiências boas e outras, certamente, ruins. Ele não disse

---
12 http://aryfontoura.com.br/?p=1138 - acesso em 14 de abril de 2015.

expressamente quais seriam essas últimas, mas é o que ficou subentendido. O que me causou admiração no que ele escreveu foi o "deixa pra lá". Não há dúvida de que ele teve experiências desagradáveis, mas isso não fez dele uma pessoa infeliz, exatamente pelo "deixa pra lá..."

Os felizes passam por experiências difíceis, sofrem revezes, mas não deixam que esses momentos se transformem no palco de suas vidas. Eles, decididamente, *deixam pra lá*, não vivem comentando, recordando e fazendo campanhas de divulgação das coisas desagradáveis que lhes acontecem. Eles, simplesmente, *deixam pra lá* e vão em busca das coisas que lhes dão felicidade.

Sonhei ter 1.90 de altura e ser o mocinho da novela das 8, não fui escalado para o mocinho, mas carrego um currículo com mais de 40 telenovelas e o eterno Nonô Correia, o mais popular dos meus personagens...

Tem muita gente que acha que, se não tiver 1.90 de altura e não for o mocinho da novela das 8, não vai ser feliz. Condicionamos a nossa felicidade ao preenchimento de determinados padrões de beleza ou de destaque social. Isso afasta a felicidade de qualquer um, porque, como afirmou o poeta Vicente de Carvalho, não alcançamos a felicidade, pois ela está onde a pomos, e nunca a pomos onde nós estamos.

Coloque a felicidade onde você está e no que você é! O mais é consequência. Se você não impuser tantas exigências, de que deveria ser diferente do que é e deveria estar em outro local, diverso daquele onde hoje se encontra, é possível que a felicidade comece a desenhar um belo sorriso de satisfação em seu rosto. Tenho certeza de que o Ary foi muito mais feliz como Nonô Correia do que teria sido como galã da novela das 8.

Sonhei viajar para os anéis de Saturno, fui parar na Disney, e me diverti; desejei brindar o último réveillon com uma garrafa de Veuve Clicquot, me ofereceram uma taça de cidra e adorei.

As pessoas felizes sonham também, têm muitos desejos. Mas elas não se tornam infelizes quando esses sonhos não se realizam. Elas têm uma capacidade incrível de adaptação ao real e não se frustram em demasia quando o imaginário não se realiza. Se você não tem champanhe francês para brindar a ocasião feliz, faça o *tim-tim* com a taça de cidra, porque o que importa não é o que se bebe, mas o que se comemora. Aí está a felicidade!

Percebi com o tempo que os grandes valores estão nas coisas mais simples da vida, e aprendi a respeitar o ser humano, as diferenças, as opiniões, as limitações, entendendo que o mais importante nessa viagem é ter saúde no corpo, paz na alma, amor no coração e fé para ser feliz!

Ary fala que, em sua bagagem, ficaram somente as coisas mais simples da vida. Ele afirma também que sua bagagem está leve. A felicidade da gente depende dessa leveza de vida, que se adquire com a simplicidade.

A escritora Leila Ferreira, que escreveu um excelente livro sobre a arte de ser leve, diz ter aprendido um segredo formidável sobre o assunto com a dona Conceição, proprietária de um salão de beleza, uma senhora simples, bem-humorada e tida por todos como uma pessoa leve.

Questionada de onde viria essa leveza de vida, Conceição deu a seguinte explicação:

> "Tem gente que vem pro mundo de caminhão e tem gente que vem de bicicleta. Eu sou da turma da bicicleta".[13]

Acredito que, em nossa viagem pela vida, precisamos fazer parte da turma da bicicleta, como faz o Ary, porque, andando de caminhão vamos, inevitavelmente, carregar as coisas pesadas, e a infelicidade viaja em carretas com excesso de carga. Na bicicleta, pouca coisa se pode levar.

Descomplicar a vida. Ary oferece a receita: respeitar o ser humano, as diferenças, as opiniões e as limitações de cada um. São as lições da misericórdia e da compaixão ensinadas por Jesus e por todos os grandes mestres espirituais da humanidade. Descomplicar a vida torna a nossa alma feliz. Comecemos a descomplicar a nossa vida, agora mesmo!

---
13 *A arte de ser leve*, Editora Globo.

Como diz o Ary, na sabedoria dos seus mais de 82 anos de uma vida feliz, as coisas simples da vida nos dão paz na alma, saúde no corpo, amor no coração e fé na felicidade. E precisamos de algo mais?

Agora, é só comprar a bicicleta...

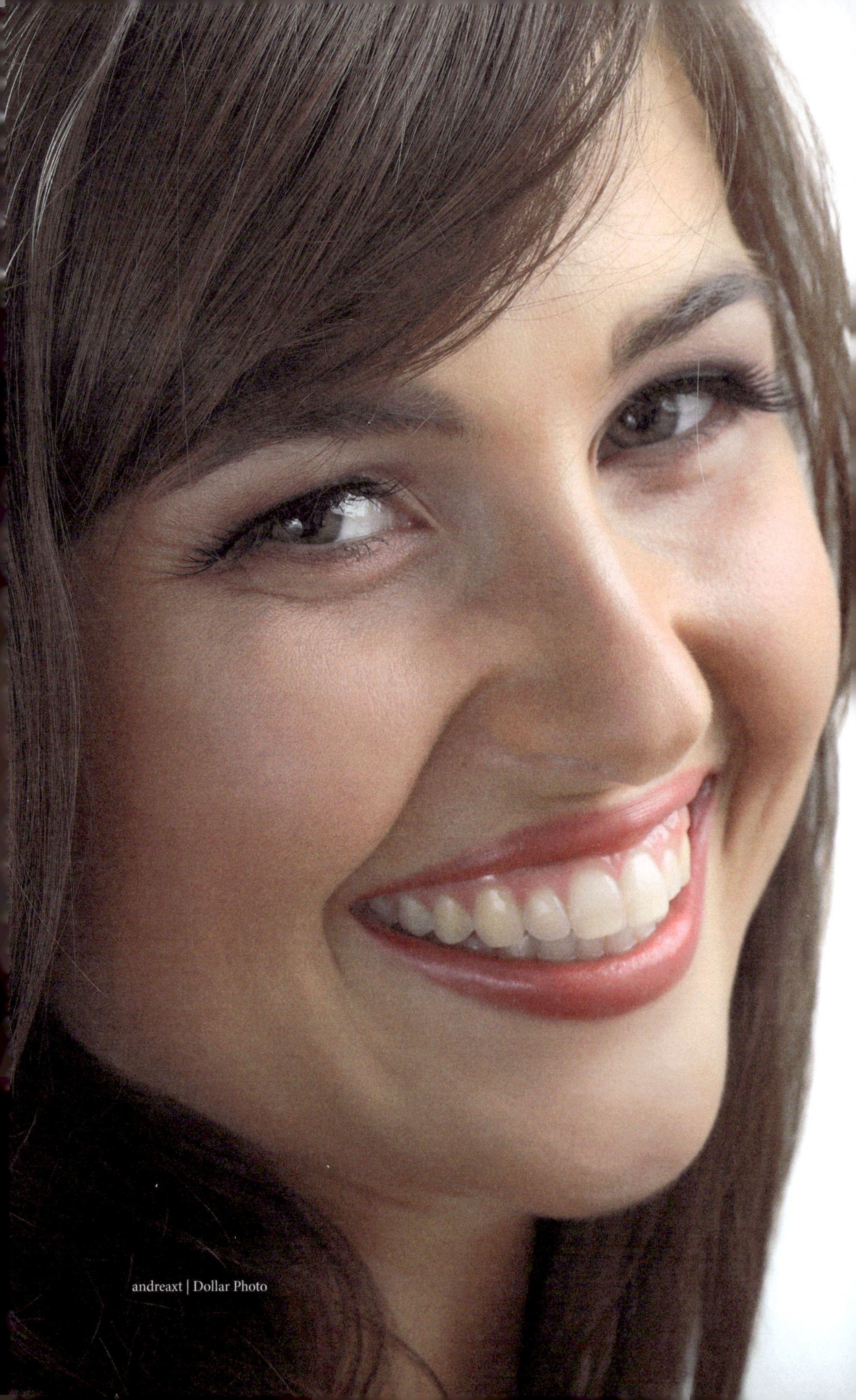
andreaxt | Dollar Photo

8 Olhos de Alegria

A alegria vem de Deus. É uma irradiação divina, capaz de harmonizar e curar muitas dores. E, como tudo aquilo que é divino foi plantado por Deus, em cada um de nós, descobrir a semente da alegria e passar a cultivá-la permitirá o desabrochar da felicidade em nosso caminho.

Por vezes, vivemos situações em que a alegria surge espontaneamente. Porém, na maioria das vezes, a alegria precisa de olhos que a encontrem, olhos que a criem, que a percebam nos cantinhos escondidos da nossa vida.

Disse Jesus: "se teus olhos forem bons..."

Que tenhamos, então, olhos que procurem alegria nas paisagens que desfilam por nossa existência...

Que nos deslumbremos com a riqueza peculiar das pessoas que cruzam os nossos passos...

Que haja um deleite com a arte, a música e a poesia...

Que um encantamento nos envolva, diante do sorriso das crianças...

Que uma reverência nos domine, diante da fragilidade dos que já viveram longos anos...

Que a alegria possa ser sentida até quando estamos tristes, porque estar triste faz parte da nossa condição humana, ainda frágil e limitada, e relembrar isso faz bem ao coração.

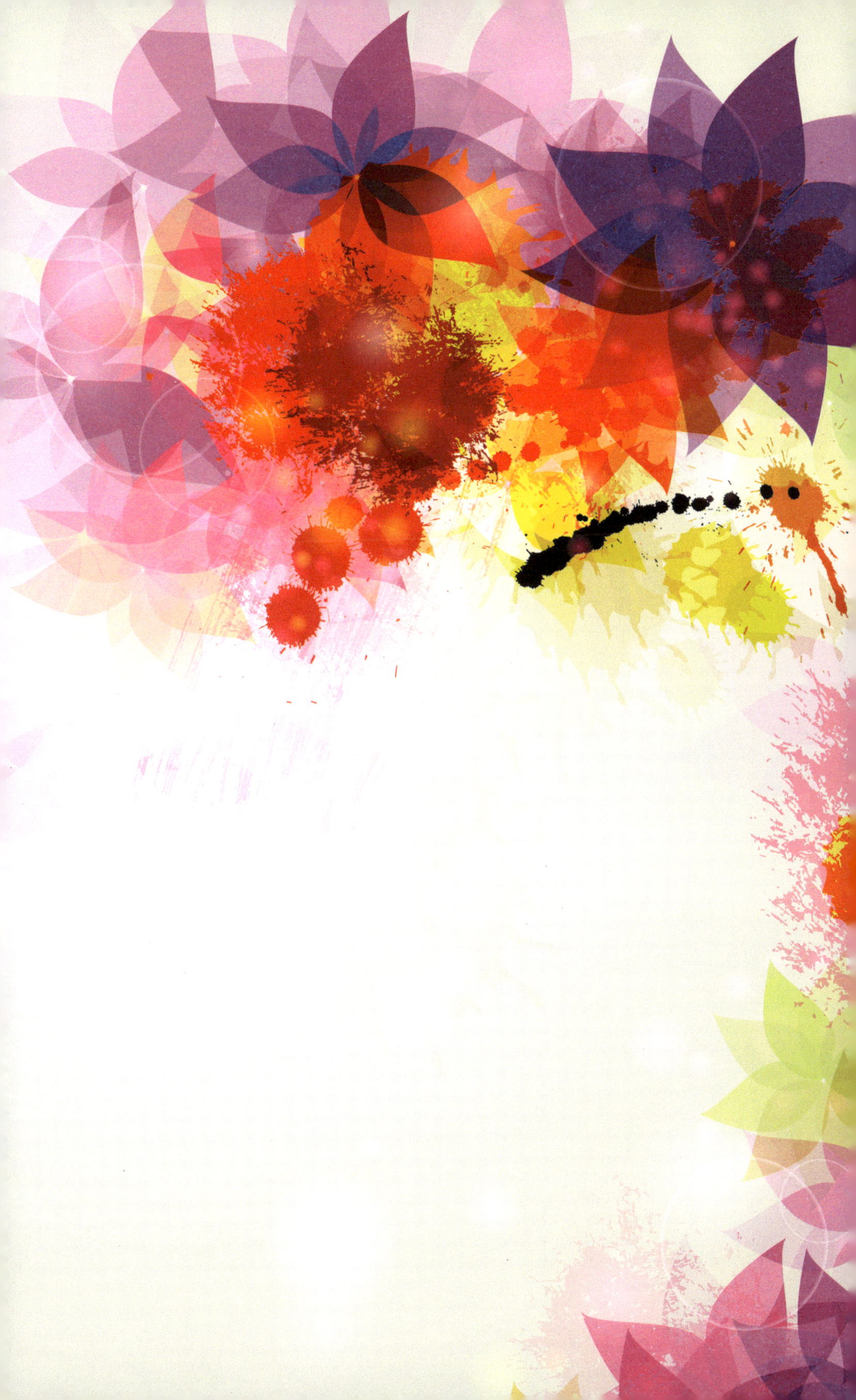

pkchai | Shutterstock

9 Arrumando o Porão

Em 1.999, publiquei meu primeiro livro, intitulado *Sem Medo de Ser Feliz*.[14] Nesse período de tempo, com outros livros, palestras e programas de rádio, tive a grata oportunidade de conhecer muitas pessoas, suas histórias e seus dramas, e cheguei à conclusão de que o medo da felicidade ainda é um dos mais devastadores problemas que afetam a criatura humana. Tenho a certeza de que ele nos acompanha e, por isso decidi voltar ao assunto, agora com novos e mais profundos enfoques, que somente o tempo, a experiência e o conhecimento dos meus próprios medos poderiam me proporcionar.

Uma coisa sempre me intrigou: como é que uma pessoa pode ter medo da felicidade, se a felicidade é uma sensação tão boa, agradável e prazerosa? Como posso ter medo de algo que me faz tão bem? Aparentemente, esse medo me parecia ilógico! Deveria haver algo mais profundo, que explicasse essa contradição, alguma coisa que ligasse a conquista da felicidade à possibilidade de alguma mudança prejudicial na vida das pessoas.

Somente isso poderia explicar como nós temos sabotado a nossa felicidade. Como as coisas mudam para pior, bem na hora em que tudo parecia ir tão bem? Como, no momento em que estamos prestes a atingir um objetivo tão esperado, ficamos doentes inexplicavelmente, e nosso sonho, que estava tão perto, se distancia em poucos minutos? Como acontecem coisas imprevistas, que detonam nossos planos, quando tomamos uma decisão consciente em favor da nossa felicidade?

---

14 Petit Editora.

Nessas ocasiões, acreditamos que o destino tirou a felicidade de nossas mãos. No entanto, na maioria das vezes, o que houve foi uma manobra do nosso subconsciente, que pode ter medo da felicidade. O subconsciente pode ser equiparado ao porão de nossa mente, uma extensa área, onde estão arquivadas nossas experiências passadas, e esses registros, positivos ou negativos, conforme o tipo de experiência vivida, é que dirigem os nossos atos no presente. É no porão do subconsciente que encontramos as respostas para o paradoxal medo de ser feliz.

Muitos fizeram essa viagem interior e descobriram algumas causas bastante comuns para o medo da felicidade. É muito provável que algumas dessas causas também se apliquem a muitos de nós, embora não esgotem todas as possibilidades. Vou mencionar apenas as que considero mais gerais. E faço isso para que cada um de nós dê uma espiada no seu próprio porão.

Felicidade não é pra mim. Afirma o psicólogo Robert Holden, um dos maiores especialistas em psicologia da felicidade, que "o que geralmente ativa o medo da felicidade é uma experiência considerada grande demais, intensa demais ou boa demais para ser verdade".[15] Diante dessa afirmação, o que se conclui é que muitos não se julgam merecedores ou dignos de que a felicidade entre em suas vidas, como se fossem condenados (não sei por quem) a uma vida medíocre, sofrida e sem nenhum prazer. Talvez alguém lhes tenha dito na infância que as coisas boas, grandes e intensas não eram para o seu bico... Acredito piamente que esse sentimento de que "o que é bom não é

---
15 *Ser Feliz, Liberte o poder da felicidade em você*, Editora Prumo.

pra mim" tem como causa um complexo de inferioridade que acomete grande parte das pessoas. Você acha que não tem lugar para você no mundo ou que seu lugar é sempre o último da fila? Você se sente inferior aos outros? Como num conto de fadas, você se vê como a "gata borralheira", que não tem o direito de participar do baile, ou o menino feio e pobre, que não pode entrar na festa e se aproximar da garota mais bonita?

Se o complexo de inferioridade estiver ativo em seu porão, cada vez que a vida lhe trouxer a possibilidade de uma experiência do tipo "boa demais para ser verdade", sua mente subconsciente dará um jeito de impedir ou estragar a festa, porque ela acredita que você, por ser inferior, não merece desfrutar as coisas boas da vida. "Isso é para os outros" – ela dirá – "não para você!"

A felicidade está lá no alto. Tenho percebido que muitas pessoas colocam a felicidade sempre distante de onde elas estão. Uma leitora me escreveu dizendo que a felicidade era "como um balão colorido flutuando bem alto" e que era melhor ficar aqui embaixo mesmo, porque não havia risco de cair. Essa metáfora da felicidade lá no alto está na mente de muitas pessoas e até já se forjou um ditado a respeito: "quanto mais alto a pessoa sobe, maior é o tombo". Por isso, muitos têm medo da felicidade, pois acreditam que vão se machucar com o tombo. Robert Holden, já citado, afirma que muitos acreditam que Deus cobra um "imposto sobre a felicidade" – como se Deus ficasse feliz com o sofrimento humano!

Perder as recompensas do sofrimento. Para muitas pessoas, o sofrimento tem um lado que elas consideram positivo: o sentimento de piedade com que passam a ser tratadas pelos outros. Elas chamam a atenção pela exibição de suas feridas, e, assim, sentem-se especiais. Rubem Alves afirma que isso é uma alternativa medíocre de que tais pessoas lançam mão: "já que não posso ser objeto de amor pela minha exuberância, ofereço-me à piedade dos outros pela minha miséria. Pelo menos que os outros tenham pena de mim. Muita autocomiseração nasce do narcisismo".[16] Isso justifica o medo que elas têm da felicidade, porque, em se tornando felizes, perderiam a atenção, a piedade e o socorro de algumas migalhas.

Acredito que já vasculhamos bem o nosso porão, a ponto de percebermos que, no fundo, o grande inimigo da felicidade está em nossa própria mente! Nós validamos pensamentos equivocados sobre a felicidade (felicidade não é pra mim, isso é bom demais pra ser verdade, a felicidade está lá no alto...) e nos tornamos "escravos" das próprias crenças. Hora, então, de arrumarmos a nossa casa, desfazermos a bagunça dos pensamentos destrutivos e organizarmos a mente com pensamentos novos, pensamentos felizes. É hora de pararmos de nos sabotar, enxugarmos as lágrimas, esboçarmos um sorriso de esperança e assumirmos o dom que Deus deu a cada um de nós de ser feliz.

Mas fique certo de uma coisa: Deus nunca vai descer de uma nuvem e dizer: "Agora você tem permissão para ser feliz". É você quem tem que se dar essa permissão.[17] E isso começa na nossa cabeça, e pode começar agora!

---
16 *A Grande Arte de Ser Feliz*, Planeta.
17 Adaptação de um pensamento do livro *Felicidade em poucas palavras*, de Andrew Matthews, Sextante.

K.-U. Häßler | Dollar Photo

10 *Passarinho*

O poeta gaúcho Mário Quintana tinha um senso de humor bem apurado, próprio das pessoas de espírito leve, condição que considero essencial para a felicidade. Ao perder a terceira indicação para a Academia Brasileira de Letras, Mário compôs o seguinte verso:

Todos esses que aí estão. Atravancando o meu caminho
Eles passarão... Eu passarinho.[18]

Eu acredito que ele tenha ficado bem chateado por não ter sido eleito para a vaga de imortal da Academia. Perdera a eleição pela terceira vez! Provavelmente, não concorreria a outras (como, de fato, não concorreu). Seria muito constrangedor. Mário, porém, assimilou o golpe de maneira poética, bem-humorada, não permitindo que o triste episódio tornasse a sua vida triste. Os felizes também passam por todas as dores humanas, mas eles não se deixam confundir com o sofrimento, não perdem a identidade por conta de um revés. Nas pessoas felizes, o infortúnio vem e passa. Nas pessoas infelizes, o infortúnio vem e fica; faz morada, aninha-se no corpo e na alma, e não vai embora nem mesmo à custa de remédios ou esconjuras.

É preciso fazer como o Quintana, deixar a poesia nos envolver, mesmo que não sejamos poetas. Deixar a poesia nos envolver é fugir daquela visão linear da vida, é não virar escravo da Lei de Talião (olho por olho), é não retribuir com a mesma moeda. O poeta tem uma espécie de segunda visão, aquela que vê além das aparências, das medidas humanas. O poeta vê nuvem numa pedra, vê o mundo num grão de areia, como falava Rubem Alves.

Diante de um forte sentimento de rejeição e mágoa, Quintana expõe a sua dor: *Todos esses que estão aí atra-*

---

18 http://escritores.folha.com.br/mario_quintana-biografia.html - acesso em 21/04/2015.

vancando o meu caminho... A mágoa foi exposta, o porão onde ela se escondia foi aberto. Isso é tão terapêutico! Abrir o porão, para que a luz do dia penetre e ilumine... E o porão do Mário foi iluminado poeticamente: *Eles passarão, eu passarinho*. O resultado da eleição não se alterou, tudo ficou na mesma. Mas o que mudou foi a maneira de olhar a situação. Mário teve um olhar feliz! O resultado de uma eleição não poderia se tornar o episódio mais importante de sua vida.

Meditando sobre esse exemplo do poeta, foi que eu entendi o que Jesus quis ensinar no Sermão da Montanha, quando afirmou que "felizes são os puros de coração".[19]

Mário Quintana verdadeiramente soube purificar o seu coração, deixá-lo leve, liberto de mágoas e melindres, ao aceitar que perder também faz parte do jogo da vida.

Apesar de não eleito, Mário continuaria poeta, e assim deveria viver pelo restante de seus dias, como ocorreu. Viver como passarinho! Passarinho que voa, que não fica preso em galho ou gaiola. Os infelizes não se soltam dos galhos e não arrebentam as gaiolas onde estão presos. Os felizes são passarinhos cantantes, que não se fixam em galhos mortos e que sempre dão um jeito de sair de suas gaiolas. Pássaros não olham para trás, não voltam aos ninhos destruídos.

Mário Quintana continuou passarinho até os últimos dias de sua vida. Ele morreu no dia 05 de maio de 1.994. Mas, antes de partir, bateu asas bem-humoradas para a morte: "A morte é a libertação total: a morte é quando a gente pode, afinal, estar dormindo de sapato".[20]

---
19 Mateus 5, 8.
20 http://escritores.folha.com.br/mario_quintana-biografia.html - acesso em 21/04/2015.

michaeljung | Dollar Photo

11
Use Cepacol

Eu aprendi alguns segredinhos a respeito de felicidade com essa música do Marcelo Jeneci, e gostaria de dividi-los com você. Preste atenção na letra (se puder, ouça também a canção), e, depois, vamos conversar um pouquinho sobre as ideias ricas que o compositor deixa a respeito da felicidade.

Haverá um dia em que você não haverá de ser feliz
Sentirá o ar sem se mexer
Sem desejar como antes sempre quis
Você vai rir, sem perceber
Felicidade é só questão de ser
Quando chover, deixar molhar
Pra receber o sol quando voltar
Lembrará os dias que você deixou passar sem ver a luz
Se chorar, chorar é vão
Porque os dias vão pra nunca mais
Melhor viver, meu bem
Pois há um lugar em que o sol brilha pra você
Chorar, sorrir também e depois
dançar na chuva quando a chuva vem
Tem vez que as coisas pesam mais
Do que a gente acha que pode aguentar
Nessa hora fique firme, pois tudo isso logo vai passar...[21]

Haverá um dia em que você não haverá de ser feliz. Pois é. Tem dias em que a felicidade se esconde atrás de nuvens escuras e tudo fica cinza. Todos passamos por decepções, perdas, desentendimentos e problemas de toda ordem, a ponto de acharmos que a felicidade foi embora do nosso caminho, e passamos a viver como pessoas infelizes. A letra da canção propõe que tenhamos um olhar melhor sobre esses tempos cinzentos.

---

21 *Felicidade*, Marcelo Jeneci.

É preciso se render à ideia de que a vida na Terra é como andar em montanha-russa, isto é, há momentos em que você está lá em cima, mas há outros em que você desce numa velocidade alucinante. Depois de passar um tempo lá embaixo, você sobe um pouco e atinge um trecho de trilhos planos e calmos para, em seguida, subir lentamente, bem alto, outra vez, e, depois...

Do ponto de vista espiritual, a Terra é um mundo ainda imperfeito. Portanto, não dá para pensarmos numa vida em que tudo para nós sempre dê certo, em que as pessoas sejam perfeitas e sempre correspondam às nossas expectativas, em que tudo seja sempre muito fácil de se conquistar, com um simples estalar de dedos. Estou certo de que essas limitações naturais são importantes para o nosso crescimento material e espiritual, porque é a partir da dificuldade que nasce o desejo de progresso e superação, fazendo com que nós, depois de cada descida ao fundo do poço, sempre saiamos mais fortes e transformados!

É nos dias nublados que nós aprendemos do que a felicidade depende. Tenho visto inúmeras pessoas que realizaram grandes transformações em suas vidas no período em que estiveram gravemente enfermas. Muitas dizem que a doença lhes ensinou onde, de fato, a felicidade se encontrava, e, a partir disso, fizeram uma revisão do que realmente era importante em suas vidas. Do ponto de vista psicossomático, muitas doenças nascem do exagero com que vemos as coisas pequenas e da pouca importância que damos às coisas essenciais da vida. Muitas vezes, porém, só aprendemos isso na cama de um hospital.

Lembrará os dias que você deixou passar sem ver a luz. Os dias nublados servem exatamente para isso: fazer a gente se lembrar dos dias que deixamos passar sem ver a luz. Quantos momentos bonitos deixamos passar em nossa vida justamente porque nossos olhos estavam voltados para aquilo que nos faltava e não enxergava aquilo que já tínhamos? Observo que as pessoas felizes desenvolveram uma habilidade de valorizar os momentos bons da vida, sobretudo os mais simples. É neles que a felicidade, geralmente, se esconde!

Certo dia, fui visitar um amigo hospitalizado. A morte era questão de poucos dias. A esposa estava presente no quarto, ao lado de outros familiares e um enfermeiro. Depois da prece que realizei a pedido da família, meu amigo surpreendeu a todos: pediu ao enfermeiro que lhe fizesse a higiene da boca com "cepacol".[22] Todos estranharam a solicitação, inusitada para quem está à beira da passagem final. Mas o enfermeiro atendeu ao pedido. Concluída a limpeza, meu amigo olhou para a esposa e, com a voz quase apagada, suplicou: – *Um beijo...* Sob o olhar emocionado de todos, a esposa curvou vagarosamente o tronco e encostou seus lábios nos dele, e a cena ficou mais linda do que beijo de Hollywood! E aquele foi o último beijo do casal.

Saí do hospital pensando em quantos beijos deixamos passar, quantos abraços deixamos de dar, quantas palavras carinhosas deixamos de pronunciar, quanta beleza deixamos de ver, quantas bênçãos deixamos de agradecer... Os dias nublados podem nos ensinar tudo isso, a encontrar a felicidade nas coisas mais simples, mais presentes em nossa vida.

Dançar na chuva quando a chuva vem. No contexto da música, a chuva representa o momento em que as nuvens carregadas desabam em tempestades de problemas.

---

[22] Marca de enxaguatório bucal

Quando isso ocorre, geralmente, nos escondemos, não queremos nos molhar, ficamos com medo da chuva. Mas a proposta da canção é tomar chuva, dançando. Enfrente as suas chuvas, dançando! Dançar é um movimento, e somente a pessoa que se move tem chance de se libertar de um momento ruim. Quem não se move, quem não dança, permanece preso ao problema. A dança sugere um movimento alegre, criativo, leve e, ao mesmo tempo, vigoroso e que expressa todo o poder que cada um carrega dentro de si de exorcizar os seus fantasmas, temores e dificuldades.

"Dançar na chuva" é fazer com que esses potenciais internos brotem e nos ajudem a superar o instante difícil. A tristeza não ajuda, o desânimo só agrava. Mas a alegria é o melhor remédio que podemos tomar nos momentos das tempestades. Pois é a alegria que nos dá a certeza de que somos maiores do que os problemas e a convicção de que eles vão passar. Relembre os versos da canção:

Tem vez que as coisas pesam mais do que a gente acha que pode aguentar. Nessa hora, fique firme, pois tudo isso logo vai passar.

Como afirmou o Padre Léo: "O nosso coração depende da alegria para viver. Santo Agostinho nos dizia que devemos aprender a dançar, porque senão Deus não saberá o que fazer conosco lá no Céu. Quem não aprende a viver a alegria ou quem não gostar da alegria não poderá ir para o Céu, porque Deus não sabe o que fazer com gente mal-humorada".[23] Por isso, se estiver chovendo forte em sua vida, use "cepacol", comece a beijar, abraçar, cantar e dançar, pois *melhor viver, meu bem, pois há um lugar em que o sol brilha para você.*

---

23 *Pertencemos a Deus*, Canção Nova.

Andresr | Shutterstock

12
Seja o Amor

É bom lembrar todos os dias que temos uma passagem relativamente curta aqui na Terra.

Somos almas excursionando pelo planeta para darmos e recebermos amor.

Interpretemos cada problema que surge em nosso caminho como um chamado para o amor, e não para a guerra, a culpa, a revolta e o ódio.

Tomemos a iniciativa de amar, e o amor voltará correndo para nós.

Amar não é transformar a pessoa naquilo que nós gostaríamos que ela fosse.

Amar é respeito.

Amar é ser gentil.

Amar é compreender.

Amar é simpatia.

Amar é unir.

Há muita gente reclamando que é infeliz por não se sentir amada. Provavelmente, isso acontece porque o amor não pode ser uma espera; o amor deve ser um sentimento que nasce em nós mesmos e se dirige ao outro. Não devemos esperar o amor chegar em nossa vida! Precisamos sentir o amor começando em nós e chegando ao próximo. Sejamos nós mesmos o amor que estamos esperando!

Não esperemos mais, pois a nossa passagem pela Terra é breve e nossa missão é deixar um pouquinho do nosso coração em cada pessoa que cruzar o nosso caminho.

É isso que faz a gente feliz aqui na Terra, mesmo! É isso que nos faz voltar ao mundo espiritual com a certeza de que nossa passagem pela Terra valeu a pena, pelo amor que passou por nós e chegou até os que nos conheceram! O amor nos faz pessoas inesquecíveis, porque aquele que ama se muda para o coração da pessoa amada!

Para tanto, deixo essa mensagem de uma alma querida, que muito amou quando esteve entre nós, Madre Teresa de Calcutá:

> *Seja compreensivo e generoso.*
> *Não deixe ninguém se aproximar de você sem que se sinta melhor e mais feliz quando for embora.*
> *Seja a expressão viva da bondade de Deus:*
> *Com bondade em seu rosto, bondade em seus olhos, bondade em seu sorriso, bondade em sua calorosa saudação.*[24]

---

24 *Madre Teresa, CEO*, Ruma Bose & Lou Faust, Lua de Papel Editora.

Rido | Shutterstock

13 Sejamos Doces

Leia comigo este formidável poema de Cora Coralina:

> *Recria tua vida, sempre, sempre.*
> *Remove pedras e planta roseiras e faz doces.*
> *Recomeça.*
> *Faz de tua vida mesquinha um poema.*
> *E viverás no coração dos jovens e na memória das gerações que hão de vir.*[25]

Sem dúvida alguma, a poetisa Cora Coralina, pseudônimo de Anna Lins dos Guimarães Peixoto Brêtas, foi uma mulher feliz. Viveu até os 95 anos de idade, removendo pedras, plantando roseiras e fazendo doces. Aliás, fazer doces foi o seu primeiro ofício, do qual não largou até os últimos dias de sua vida.

Somente aos 76 anos de idade, publicou o seu primeiro livro, vindo a se tornar bem conhecida graças aos elogios do poeta Carlos Drummond de Andrade. Mesmo famosa e consagrada como poetisa e contista, continuou a fazer doces.

Posso dizer que Cora fazia doces das frutas e das palavras. O poema que acima pus à mesa do leitor é como um doce caseiro, que sacia a nossa alma das coisas mais simples da vida, aquelas que, de fato, nos fazem felizes, doces. A receita é simples. E é a própria Cora quem nos dá os ingredientes:

---

[25] *Cora Coralina - raízes de Aninha*, Clóvis Carvalho Britto e Rita Elisa Seda, Editora Ideias & Letras.

Recria tua vida, sempre, sempre. Em nossa passagem pela Terra, encontramos muitas situações em que, contra a nossa vontade, nossos planos desmoronam, nossos sonhos chegam ao fim. Somos surpreendidos com um pedido de separação, uma despedida de emprego, um amigo que nos abandona no momento mais difícil, um fracasso financeiro, a notícia de uma doença preocupante, a morte de uma pessoa querida... Parece, por vezes, que o mundo desaba sob nossos pés.

Essas situações são comuns a todos nós, mas o que percebo é que as pessoas felizes desenvolveram essa habilidade de recriarem suas vidas a partir dos episódios difíceis e turbulentos que enfrentaram. Uma pessoa feliz não é aquela que não tem problemas, mas aquela que não deixa o problema acabar com a sua vida. Ela recria a sua existência, encontra uma nova porta, descobre um novo jeito de ser e de fazer, se reinventa.

Já a infelicidade se apodera de nós quando permanecemos inertes diante dos trancos que tomamos da vida. Ficamos dormentes, anestesiados, esperando o dia em que o pesadelo termine. Mas somos nós que precisamos acordar, sair do pesadelo e voltar para a vida, recriando-a com toda a força e capacidade que Deus deu a cada um de nós. Deus não nos deu espírito de fraqueza! Como fomos criados à imagem e semelhança dele, somos fortes, inteligentes e criativos, plenamente capazes de recriarmos nossa vida, indo ao encontro da felicidade.

Na receita de Cora, tem um ingrediente que não pode faltar em nossa vida: recomeçar. Não nascemos prontos. Ninguém nasce sabendo tudo e fazendo tudo perfeito. Somos aprendizes da vida. A Terra é uma escola, e cada um aqui está para se desenvolver em conhecimentos e virtudes. Esse aprendizado é um processo, isto é, vai sendo feito em etapas, degrau a degrau. Ninguém consegue num só salto atingir o topo da escada. Os doces da Cora Coralina ficavam horas e horas no fogão a lenha, cozendo.

Continue mexendo o seu tacho, não pare, não! Se você parar, o doce queima, a doença se agrava, a relação esfria, o entusiasmo se perde, a oportunidade desaparece e a felicidade fica mais longe. Recomece sempre que preciso, mexa-se, movimente-se, recrie-se! Esse é um grande segredo das pessoas felizes.

Remove pedras e planta roseiras e faz doces. Os infelizes costumam achar que, para ser feliz, a vida da gente não pode ter pedras, ou seja, problemas, obstáculos, dificuldades. Não é verdade! Felicidade é estar ligado à vida, é participar dela, é enfrentar com coragem os seus desafios, que nada mais são do que recursos divinos para o nosso crescimento (lembra que a Terra é uma escola?).

Evolução traz, sim, cicatrizes, arranhões, suor e lágrimas, mas traz também crescimento, maturidade e uma sensação incrível de ser alguém que está participando da vida, recriando-a a cada instante. Já a infelicidade, no dizer de Martha Medeiros: "Infelicidade, ao contrário, é inércia. A pessoa pode passar a vida inteira sem ter sofrido nada de relevante, nenhuma dor aguda, mas atravessa os dias sem entusiasmo, anestesiada pelo lugar comum, paralisada por seu próprio olhar crítico, que julga aos outros sem nenhuma condescendência. Para ela, todos são fracos, desajustados ou incompetentes, e não sobra afetividade nem para si mesma: se está sozinha ou acompanhada, tanto faz.

Se lá fora o sol brilha ou se chove, tanto faz. Se há a expectativa de uma festa ou a iminência de uma indiada[26], tanto faz. Essa indiferença em relação ao que os dias oferecem é uma morte que respira, mas ainda assim, uma morte".[27]

Remova suas pedras! Se não puder removê-las, contorne-as. Isso o fará feliz! Mas, se você ficar apenas olhando para as pedras e reclamando, lamuriando-se, irá se tornar infeliz. E, no lugar das pedras, plante roseiras e faça doces, tal qual nos ensina Cora, para despertar em nós a capacidade da transformação!

Se alguém nos ofender, perdoemos. Se alguém nos for agressivo, sejamos gentis. Se alguma porta se fechar, guardemos a certeza de que uma porta melhor irá se abrir. Se uma pessoa não quiser mais o nosso convívio, deixemos que ela parta em paz, e a vida se encarregará de aproximar outro coração querido de nós.

---

26 Expressão típica gaúcha, querendo significar uma situação desagradável, indesejada.
27 http://avaranda.blogspot.com.br/2014/05/quanta-felicidade-eu-aguento-martha.html - acesso em 10/05/2015.

Com tudo e com todos, sejamos doces. Não melados, mas doces!

Cora dizia que, com os doces, ela fez amigos e fregueses. Se formos pessoas agradáveis, afetuosas, generosas e prestativas, jamais nos faltará o apoio divino nas horas amargas. Por isso, Cora recomenda fazer da nossa vida mesquinha um poema.

Mais uma vez, aqui, o milagre da transformação de uma fruta, por vezes azeda, num doce saboroso. Isso requer uma boa dose de açúcar. É o tempero da felicidade! Os infelizes são azedos, ácidos, amargos ou sem gosto. Faltam-lhes a doçura, a generosidade, a gentileza com que transformariam suas vidas em poemas que todos gostariam de ler.

Surpreso, eu aprendi no Espiritismo que a doçura é uma das leis espirituais que regem a nossa vida![28] Doçura compreende afeto, ternura, alegria, gentileza, cordialidade, brandura – atitudes que fazem a nossa vida feliz e daqueles que experimentam os nossos doces...

Por isso é que Cora foi feliz! E nós podemos ser também. Basta acender nosso fogão a lenha, colocar no tacho as frutas da nossa vida e adicionar o açúcar da bondade, para que as nossas mãos também sejam doceiras, como as de Cora:

---

28   O *Evangelho Segundo o Espiritismo*, Allan Kardec, Cap. IX, item 4.

Minhas mãos doceiras...
Jamais ociosas.
Fecundas. Imensas e ocupadas.
Mãos laboriosas.
Abertas sempre para dar,
Ajudar, unir e abençoar.[29]

---

29 Cora Coralina, *Meu livro de cordel*, Global Editora.

chrisberic | Dollar Photo

14 *Comece a Viver*

Martha Medeiros me faz refletir por um ângulo pouco usual quando escreve sobre felicidade. Não é usual, mas é muito importante. Com outras palavras, ela diz que a infelicidade faz parte do jogo da própria felicidade e que "ninguém é tão feliz quanto aquele que lida bem com as suas precariedades".[30]

Muitas vezes, julgamos que a pessoa, para ser feliz, precisa ser um manequim de perfeição, acertar em todas as escolhas, ter todas as virtudes e aptidões, ter todos os saberes e respostas, saber agir com acerto em todas as situações difíceis, demonstrando, sempre, o mais apurado equilíbrio emocional. O problema, contudo, é que não somos assim! Não somos perfeitos. Temos, é verdade, uma exuberância de recursos em certas áreas do nosso "eu", porém, em outras, ficam ressaltadas as nossas precariedades, os nossos limites, a nossa escassez.

E, mesmo que nos empenhemos para que essas precariedades sejam eliminadas, ainda assim, acredito que isso seja um trabalho a longo prazo – a tão longo prazo, que Deus, segundo a minha visão reencarnacionista, nos dá muitas existências, para que o espírito possa, passo a passo, se aperfeiçoar, através de sucessivas experiências. A meu ver, é impossível a qualquer ser humano adquirir todas as inteligências (racional, emocional e espiritual) em uma única existência. Nós não nascemos prontos, e vamos nos tornando mais completos a cada experiência passada no mundo físico.

Destaco tudo isso para tentar derrubar aquela ideia de que a felicidade aqui na Terra depende de uma perfeição absoluta, que, por ora, ainda está longe de ser conquistada.

---

30 *Coisas da vida*, L&PM Editora.

Um dia (que, certamente, está distante), iremos atingi-la, e, aí sim, experimentaremos uma felicidade plena, integral. Mas esse é um projeto que demanda muitas "idas e vindas" na experiência física, sucessivas existências, nas quais o espírito vai se aprimorando, paulatinamente. Afinal de contas, a natureza não dá saltos, como nos diz a filosofia.

Enquanto isso, pois, e sem descuidarmos do nosso aprimoramento, vamos vivendo a felicidade que nos é possível – uma felicidade relativa, que não é pouca, diga-se de passagem. E, para vivê-la, precisamos aprender a lidar bem com as nossas precariedades. Há muita gente que se torna infeliz porque não aceita a si mesma como é e, portanto, também não aceita as pessoas como elas são. Essas pessoas vivem uma insatisfação crônica, pois exigem de si uma perfeição que não têm e tratam os outros da mesma forma. Elas podem estar numa festa linda, com pessoas agradáveis, comemorando algo importante, mas, se o garçom, por exemplo, comete uma indelicadeza, pronto! São capazes de estragar a festa por um motivo banal.

Dessa forma, vivendo ainda num mundo de limites, imperfeições e fragilidades, um mundo que, no fundo, reflete a nossa própria condição humana, é sensato deduzir que é possível ser feliz aqui na Terra mesmo, desde que cada um tenha um grau de maleabilidade suficiente para lidar bem com esse contexto híbrido da nossa condição humana: nem totalmente bichos, nem integralmente anjos. Somos, a um só tempo, sombra e luz, miséria e riqueza, escassez e abundância, precariedade e plenitude.

E como conseguir isso? Vão aqui algumas ideias práticas:

1) Aceite a sua condição humana.

Eis uma boa proposta de André Luiz: "Quanto a imperfeições ou deficiências que ainda nos marquem, convém assinalar que estamos em evolução na Terra, sem sermos espíritos perfeitos. Reflitamos nisso e aceitemo-nos como somos, procurando melhorar-nos e, ao melhorar-nos, estaremos construindo o caminho certo para a Espiritualidade Maior".[31]

2) Evite o perfeccionismo.

Ele pode destruir a sua felicidade. Diminua as suas exageradas expectativas em relação a tudo e a todos, a começar por si mesmo. Haverá dias em que você irá brilhar, mas haverá também dias em que a sua luz estará apagada. Você terá dias em que tudo correrá perfeitamente bem, mas também terá dias em que nada dará certo. Haverá dias em que você terá todas as respostas, mas experimentará dias em que terá todas as dúvidas.

Quando tudo isso ocorrer e você começar a se sentir a pior pessoa do mundo, acalme-se. Respire fundo. Lembre-se da sua condição humana. Aceite-se. Não brigue com você. Não se culpe. Não se torne neurótico por conta de suas deficiências. Relaxe. Não crie mais problemas para si mesmo. Pense que está tudo bem, está tudo dentro do previsto pela ordem divina. Tome um banho. Ouça uma linda canção. Contemple o céu. Faça uma prece. Leia um bom livro. Vá ao cinema. Passeie por onde puder. Lembre-se de que amanhã será outro dia para você recomeçar, consertar, desfazer, arrumar, pedir desculpas, enfim, fazer o que for preciso para seguir o curso da vida.

---

31 *Respostas da Vida*, psicografia de Francisco Cândido Xavier, IDEAL Editora.

3) Não dê tanta importância às pequenas contrariedades.

A vida é para ser vivida, desfrutada, aproveitando-se dela o que ela tem de melhor. Acredito piamente que, quando Deus nos envia para a Terra, Ele deseja que tenhamos uma experiência de felicidade. Só que, em nossa vida, ainda imperfeita, ocorrem muitas coisinhas que podem nos chatear, muitos montinhos de terra que, dependendo da importância que damos a eles, se tornam montanhas que nos afastam da felicidade.

Numa linda canção, Gonzaguinha falou disso com muita verdade e beleza: "São tantas coisinhas miúdas, roendo, comendo, arrasando aos poucos o nosso ideal. São frases perdidas num mundo, de gritos e gestos, num jogo de culpa que faz tanto mal..."[32] Tome cuidado com as coisinhas miúdas que estão arrasando a sua felicidade, os seus relacionamentos! Coisinha miúda a gente pula, deixa pra lá, esquece, não dá a ela importância. Do contrário, não sobram tempo e energia para as coisas essenciais da vida, aquelas que fazem a nossa felicidade.

Se não nos levarmos tão a sério, se não nos acharmos tão importantes, se tivermos mais humor para encarar as pequenas alfinetadas da vida, suas ironias e contradições, inerentes à própria condição humana, vamos resolver quase todos os nossos problemas, sem desgaste de energia. E, quando isso acontece, diz Osho, "Imediatamente você começa a viver. Você vai comer, vai dormir, vai amar, vai jogar conversa fora, vai cantar, vai dançar – que mais há a fazer? Você se tornou um Deus, começou a viver".[33]

Isso não é a cara da felicidade?

---
32 Canção *Grito de Alerta*.
33 *A jornada de ser humano*, Academia.

kues1 | Adobe Stock

15 Simplesmente Você

Bom é ser você mesmo. Nem mais, nem menos. Gostoso é estar confortável consigo mesmo.

Saber que você não é cópia de ninguém.

Ter uma beleza inconfundível.

Sentir que você não é superior nem inferior a outro alguém.

Saber que Deus está em você e se expressa também através de seus atos, gestos e palavras.

Sentir que você pertence a si mesmo.

Que é você que estará consigo para sempre.

Maravilhoso é caber dentro de si, como alguém que se deita numa almofada de veludo e não quer mais se levantar, de tão encaixado que ficou.

Bom é viver sem querer aparentar ser grande ou esconder-se dos outros, com medo de que vejam quem, de fato, você é.

Porque o que você é só pode ser o melhor que hoje você consegue ser.

E isso basta para ser feliz!

chrisberic | Dollar Photo

16 O Que os Coelhos Podem nos Ensinar

Gostaria que você me acompanhasse na leitura do relato feito pelo Dr. Deepak Chopra a respeito de uma pesquisa científica, que me ajudou a compreender a coisa mais importante da vida:

Numa pesquisa sobre doenças cardíacas realizada na Universidade de Ohio (EUA), na década de 70, coelhos foram alimentados com uma dieta muito tóxica e com alto índice de colesterol, para o bloqueio das artérias, procurando duplicar-se o efeito que esses alimentos exercem sobre as artérias humanas. Em todos os grupos de coelhos, começaram a surgir os resultados esperados, menos em um, que, estranhamente, apresentava 60 por cento a menos de sintomas. Nada na psicologia dos coelhos podia explicar sua alta tolerância à dieta, até se descobrir, por acaso, que o estudante encarregado de alimentar aquele grupo gostava de coelhos e os agradava. Ele carregava cada animalzinho durante alguns minutos, antes de lhe dar a comida; por incrível que seja, isso bastou para que os bichos tolerassem a dieta tóxica. Experiências repetidas, em que um grupo recebia tratamento neutro e outro recebia amor, demonstraram os mesmos resultados.[34]

Embora eu sempre tenha acreditado no poder do amor, não posso negar que fiquei agradavelmente surpreso com a comprovação, em laboratório, de como o afeto e o carinho humano desencadearam uma reação altamente positiva na saúde dos coelhos. E, se isso acontece com animais, com idênticas e até maiores razões também acontece conosco. Vou mais além: o impacto do amor em nossa vida não

---

34 *A Cura Quântica*, Deepak Chopra, Editora Best Seller.

se restringe ao âmbito da saúde. A par de nossa mente lógica e racional, somos seres essencialmente emocionais, que são felizes quando amam e são amados, mas que são infelizes, sofrem e podem até morrer quando isso não acontece.

Estou convencido de que a pesquisa referida mostra que, na essência de cada ser vivo, está o amor com que Deus nos criou. Aliás, Deus é o amor dentro de nós! Quando amamos e somos amados, nossa essência divina brilha e nos tornamos pessoas muito melhores. Somos felizes! A vida fica leve, sorrimos mais, desculpamos mais facilmente, somos mais generosos, prestativos, compreensivos e demonstramos boa vontade para com as pessoas. Temos mais vigor físico, entusiasmo, paixão pelas nossas atividades e até ficamos mais bonitos e saudáveis. Quando o amor está presente, parece que alguém pintou o mundo com cores tão belas e agradáveis, que a vida fica muito gostosa de ser vivida!

Mas, quando o amor se ausenta de nossa vida, tudo fica cinza, vazio, a vida vira um tédio, uma angustiante noite de domingo, que não termina. Quando as pessoas me procuram contando suas dificuldades, logo é possível perceber que, na maioria das vezes, o problema é apenas um sintoma da falta de amor, a verdadeira causa das nossas aflições. Quando um enfermo me procura pedindo ajuda espiritual, procuro averiguar com ele a ocorrência de algum fato significativo em sua vida, surgido antes da eclosão da doença. Na grande maioria dos casos, os doentes me falam de episódios envoltos em mágoas, ressentimentos, decepções, frustrações, ódios e culpas.

Esses sentimentos se tornaram tão fortes, que a pessoa deixou de se sentir amada, e a doença foi a maneira inconsciente que ela acabou encontrando para expressar isso. Hoje, quando vejo uma pessoa adoentada, enxergo alguém gritando por amor. E logo me lembro daquela música do Gonzaguinha, já mencionada neste livro:

Veja bem, nosso caso é uma porta entreaberta
Eu busquei a palavra mais certa
Vê se entende o meu grito de alerta
Veja bem, é o amor agitando meu coração
Há um lado carente dizendo que sim
E essa vida da gente dizendo que não.[35]

A doença é um grito de alerta que a pessoa dá para expressar que não está se sentindo amada. Ela está num conflito: tem um lado carente dizendo que sim (preciso de amor), e a vida que tem dizendo que não (não receberá amor). É certo que esse conflito pode e deve ser resolvido de outras maneiras: o diálogo, o entendimento, o amor por si, para não ficar dependente do amor alheio. Mas, quando esses caminhos não são percorridos, a doença, muitas vezes, pode acabar sendo a mensageira das nossas carências.

Essa situação se aplica inteiramente a outros casos em que as pessoas, embora não estejam fisicamente doentes,

---

35 Canção *Grito de Alerta*.

vivem emocionalmente irritadas, mal-humoradas, agressivas. Elas também não estão se sentindo amadas e, igualmente, não estão amando. E isso vira um círculo vicioso sem fim: não se sentem amadas e não amam, e, porque não amam, não serão amadas.

A experiência com os coelhos pode nos ajudar a sair desse círculo do desamor, antes que nossa vida se acabe antecipadamente, num leito de hospital, na solidão existencial, ou que os familiares, fartos de nós, nos abandonem e nunca mais se lembrem de que existimos. Viemos ao mundo com uma missão: amarmos e sermos amados. Nossa felicidade depende disso! Eu diria que, para muitos de nós, a melhor parte dessa lição é sermos amados. Concordo plenamente que se sentir amado é muito bom e importante. A base emocional de qualquer pessoa se alicerça no amor que ela recebeu dos pais na infância.

Mas, na vida adulta, sentir-se amado depende, na imensa maioria das vezes, do quanto sou capaz de me amar e do quanto sou capaz de expressar o meu amor pelo outro. Depende do quanto eu abdico da posição de criança que apenas deseja ser amada. Para o amor, e, portanto, para a felicidade (porque um não vive sem o outro), é preciso que a gente cresça, amadureça, para também se importar com a felicidade do outro. Para mim, o amor é isso: importar-se com a felicidade do próximo, e não apenas com a minha. É querer bem o outro, tanto quanto eu me quero bem.

Quando saímos de nós mesmos (isto é, quando deixamos de ser crianças mimadas e egocêntricas) e passamos a nos importar também com a felicidade do outro, surge a maior experiência da nossa vida, que é o amor, que toca profundamente a quem se tornou importante para nós, e que torna sublime aquele que trouxe para dentro de si um coração querido.

O professor Mário Sergio Cortella, com muita sensibilidade, fala que a vida de uma pessoa se torna grande quando ela se importa com as pessoas. Ele explica que a palavra "importar" significa portar para dentro, e que uma pessoa se torna importante quando ela é capaz de trazer as pessoas para dentro de si. É preciso transbordar, vale dizer, ir além da nossa borda, e, para isso, é preciso se comunicar, se juntar e se repartir.[36]

Amar é isso, trazer as pessoas para dentro de nós, albergá-las em nosso coração. É fazer a nossa vida importante, grandiosa, com imensa felicidade, que transborda quanto mais pessoas a gente trouxer para o nosso coração. Mas quem vive egoisticamente não abre espaço para o outro, não cabe ninguém dentro de si. E sua vida se torna pequena demais, mesquinha, banal, fútil: o retrato da própria infelicidade.

Nossa passagem pela Terra é demasiadamente curta. Talvez, você que me lê agora já tenha vivido mais da metade da sua existência. Não nos resta muito tempo pela frente! Nossa vida pode ser curta, mas não pode ser pequena! Que falta faremos às pessoas quando as cortinas do palco de nossa vida se fecharem? Como teremos deixa-

---

36 Vídeo "Eu Maior". https://www.youtube.com/watch?v=ZzjpVJKCTGE – acesso em 17 de maio de 2015.

do o mundo após a nossa passagem? Como seremos lembrados? Diz o poeta que a saudade é o amor que fica. A felicidade também, é o que fica na memória das pessoas. Quem se lembrará de nós com alegria? Talvez essa seja a pergunta mais importante para quem deseja ser feliz. E uma pergunta cuja resposta pode ser mudada, a partir de agora mesmo!

Sabphoto | Dollar Photo

17 Resgate-se

Lá adiante, tem um sol esperando por você. Continue andando.

A vida é uma estrada a ser percorrida.

Parar é estacionar na derrota.

Prosseguir é aproximar-se do sonho.

Largar é abandonar-se como um mendigo na sarjeta.

Resgate-se do chão em que você caiu e de onde não se levantou mais!

Acabe com essa sensação de vergonha por ter caído!

Os que caíram são os que estavam andando.

Muito orgulho paralisa. Humildade faz a gente se levantar.

Ponha-se de pé, qual um filho de Deus deve ficar!

Caminhe, como um filho de Deus deve fazer!

Andando, tudo melhora.

Traz a sensação de estar vivo e participando da vida.

E cante comigo essa música do *Jota Quest*:

Ei, dor, eu não te escuto mais,
Você não me leva a nada.
Ei, medo, eu não te escuto mais,
Você não me leva a nada.
E se quiser saber pra onde eu vou,
Pra onde tenha sol, é pra lá que eu vou.[37]

Então, vamos?

---

37 Canção *O Sol*.

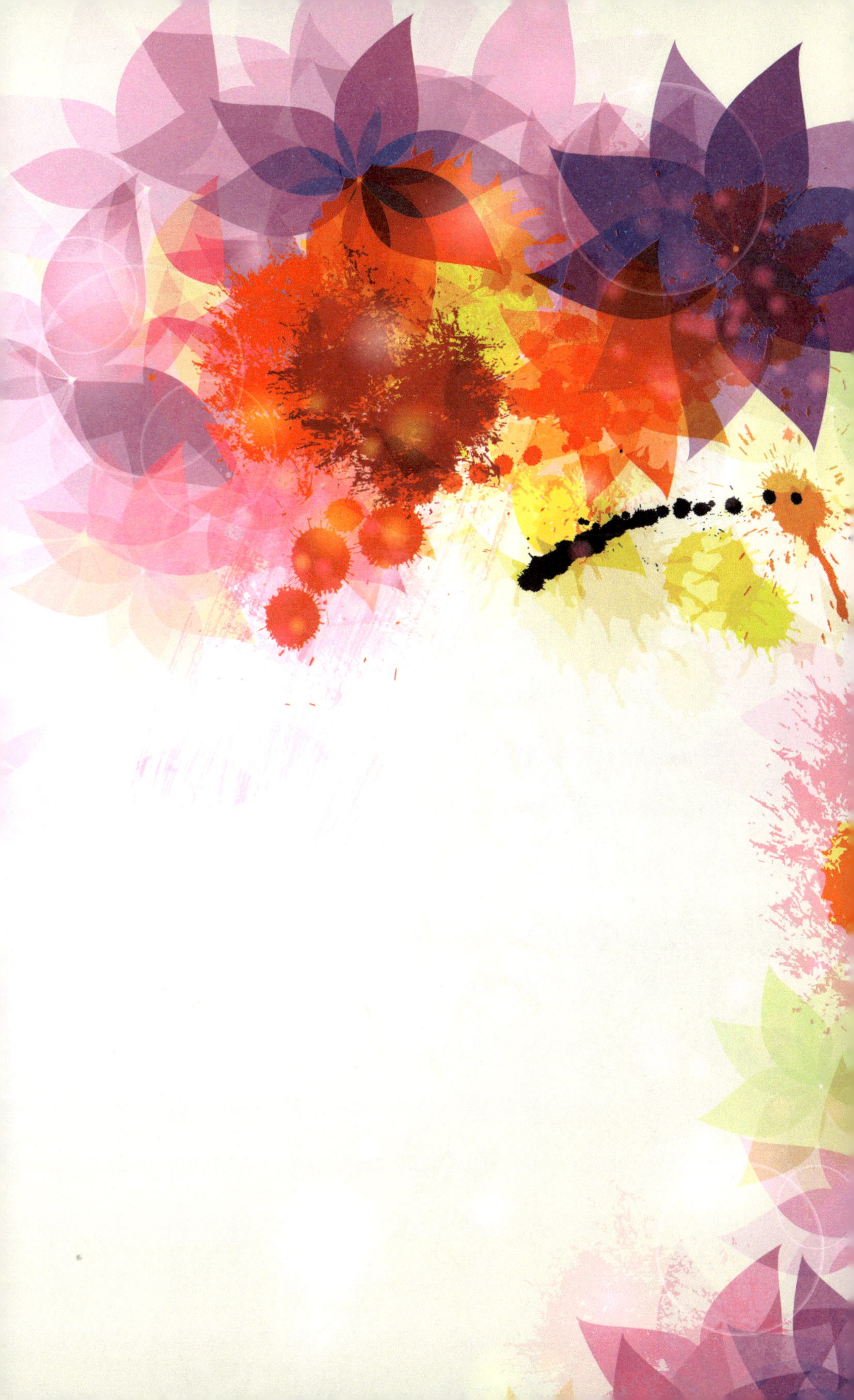

vladimirfloyd | Dollar Photo

18 O Amigo Mais Amigo de Você

De onde nasce a nossa infelicidade? Rubem Alves, que foi escritor, teólogo e psicanalista, afirma que a nossa infelicidade nasce da inveja. Vale a pena acompanhar a sua explicação:

Comparo-me com uma outra pessoa. Vejo as coisas boas que ela tem ou é. Dou-me conta de que nem sou o que ela é, nem tenho o que ela tem. Aí, olhando para mim mesmo, sinto-me pequeno, empobrecido, feio. E esse olhar, envenenado pela inveja, destrói as coisas boas que sou e tenho. O olhar invejoso está sempre colocado na riqueza do outro que, por meio da comparação, se transforma na minha pobreza. Ele é rico e bonito: eu sou pobre e feio. Aí o seu amor por você se transforma num amor triste. Sobra, então, a alternativa medíocre de que você lança mão: já que não posso ser objeto de amor pela minha exuberância, ofereço-me à piedade dos outros pela minha miséria. Pelo menos que os outros tenham pena de mim.[38]

Com essas reflexões, podemos aprender duas coisas importantes:

A infelicidade nasce da inveja. E a inveja nasce de uma comparação. Você já percebeu que, nas vezes em que nos comparamos a outra pessoa, sempre saímos por baixo? Nossa comparação tende a ser depreciativa para nós. Quase sempre, concluímos que temos menos ou que somos menos do que a pessoa comparada. Raramente observamos

---

38 *A Grande Arte de Ser Feliz*, Planeta.

que somos ou temos algo que o outro não é ou não tem. Mas nosso olhar vai buscar no outro o que falta em nós. Esse é um olhar infeliz, porque o olhar da inveja é míope, fora de foco, e, portanto, não consegue enxergar corretamente a realidade.

Eu lembro que Jesus disse para que tivéssemos olhos bons.[39] O bom olhar traz luz para nossa vida. O mau olhar traz trevas. A inveja não é um bom olhar, pois traz trevas ao coração, faz com que nos sintamos pequenos, empobrecidos, adoentados, vítimas do mundo. E, assim, nos tornamos infelizes, quando, na verdade, não o somos. Apenas nos sentimos assim por força de um olhar distorcido. Se a comparação for inevitável, podemos olhar para as coisas boas que o outro tem ou é, sem jamais perder de vista as nossas vantagens e qualidades.

Uma palavra de que a felicidade gosta muito é gratidão. Se a inveja é uma desgraça, a gratidão é uma graça. Seja grato pelas coisas que você tem e pelas vitórias já conquistadas! Conte, uma a uma, as bênçãos já recebidas, e você verá quanta riqueza possui! E não se esqueça de contar as coisas que o dinheiro não pode comprar. A primeira sensação será a de que você não é um desafortunado. Pode não ter tudo o que deseja, mas felicidade não é ter tudo o que se quer, e, sim, começa quando se dá valor ao que se tem.

Tenha um amor bonito por você! Quando a inveja nos domina, nossa autoestima desmorona. Disse o Rubem que o amor por nós fica triste. Não conseguimos enxer-

---

39 Mateus 6, 22-23.

gar nossa beleza, nossos recursos, capacidades e aqueles aspectos peculiares, que marcam cada um de nós. Aquele jeito que é só nosso e que nos distingue de todas as demais pessoas do mundo. Quando perdemos o bom olhar para nós mesmos, caímos no poço da infelicidade.

Se você não enxerga o que tem de bom dentro e fora de si, quando você só tem olhos para enxergar a riqueza dos outros e não vê a exuberância dos recursos que Deus lhe concedeu, a tendência é mostrar para o mundo o quanto você é miserável, sem sorte, abandonado por Deus, azarado, perseguido... Quem sabe alguém lhe dê alguns trocados de piedade, não? Mas isso somente aumenta o nosso desgosto. Porque Deus não nos criou para vivermos da exposição das nossas feridas. Ele nos criou para sermos amados pela exuberância dos nossos talentos. Deus nos criou para sermos heróis, e não coitadinhos sobrevivendo da piedade alheia!

Resgate esse amor bonito por você! Não aceite mais viver como coitadinho, pois isso não corresponde ao que, de fato, você é. Pare de colocar defeitos em si mesmo e comece a enxergar seus pontos fortes. Pare de arrumar problemas e comece a encontrar soluções. Pare de encrencar e comece a facilitar. Pare de ser seu inimigo! E preste muita atenção nessas palavras de Inácio Larrañaga:

Chega de sofrimento, meu irmão, é hora de despertar, de enterrar a tocha da ira, de olhar para você mesmo com benevolência e tornar-se o amigo mais amigo de você diante de tudo e sobretudo. Ao longo de seus dias, você cingiu sua cintura com o cintu-

rão da hostilidade e sua cabeça com uma coroa de espinhos.

Chega de martírios. Como a mãe que cuida de maneira especial do filho mais desvalido, você amará sua pessoa justamente naquilo e pelo que ela possui de mais frágil, envolvendo-a em um abraço de ternura.

Seja o melhor amigo de si mesmo, seja feliz, porque somam uma legião os que esperam participar de sua luz e de seu calor, os que esperam avivar seu fogo na chama de sua alegria.[40]

---

40 *A arte de ser feliz*, Paulinas.

Rawpixel | Dollar Photo

19 Pequenas Felicidades

Danuza Leão escreveu uma crônica gostosa sobre o título deste capítulo. Ela observou que "As pessoas vivem reclamando, e nem prestam atenção aos pequenos e maravilhosos prazeres que a vida oferece. É preciso estar atento para identificar cada um deles no momento exato em que aconteceu. Isso se chama: vocação para a felicidade. Você tem essa vocação?"[41]

Com muita sabedoria, Danuza afirma que a felicidade pode ser provocada. Basta que prestemos atenção a esses pequenos e maravilhosos prazeres que a vida oferece. Pensando nisso, e desejando exercitar a minha vocação para ser feliz, eu decidi organizar a minha lista de pequenas felicidades. Vou apresentá-la:

> *Ouvir o barulho da porta de casa se abrir quando os filhos chegam tarde.*
> *Sentir cheiro do café.*
> *Ir dormir com um bom livro.*
> *Comer pastel na feira.*
> *Massagem.*
> *Ver o fogaréu na chapa fritando bife.*
> *Bolinho de carne.*
> *Dar risada com os amigos.*
> *Barulho de chuva ao dormir.*
> *Andar à beira-mar.*
> *Banho quente.*
> *Escutar no rádio aquela música que amo e há tempo não ouvia.*

---

41 *Pequenas Felicidades*, obra coletiva, Organização de Carmen Lucia Campos e Nilson Joaquim da Silva, Panda Books.

Recuperar a mala de viagem que havia sido extraviada.

Tubaína.

Ver pessoas realizando seus sonhos.

Margaridas.

Almoço de domingo.

Jogar o corpo na cama quando estou cansado.

Ouvir o comentário de que emagreci.

Sair da rotina no meio da semana.

Tomar café na padaria.

Receber o elogio de um leitor que não tem o hábito da leitura.

Sempre me lembrar dessas pequenas felicidades...

Bem, aqui está a minha lista, e espero aumentá-la, cada vez mais. E a sua? Que tal começar a estimular a sua vocação para ser feliz?

taka | Dollar Photo

20 Felicidade Aprendida

Eu sempre acreditei que felicidade era algo que vinha de fora para dentro. Algum grande acontecimento que passava por nós de vez em quando, nos deixava felizes por uns breves instantes, e, depois, nossa vida voltava ao normal, à espera de um novo acontecimento. E, até que isso acontecesse novamente, a vida seguia sem graça, sem prazer, apenas cumprindo as obrigações, à espera de que o cometa de um novo e grande acontecimento passasse novamente por minha vida e deixasse rastros de felicidade.

Para mim, a felicidade era determinada pelas circunstâncias da vida. Eu acreditava naquele ditado que apregoa que "a felicidade não existe – o que existe apenas são momentos felizes". Eu vivia à espera desses momentos felizes, que eram aqueles em que algo de extraordinário ocorria, geralmente quando tudo dava certo para mim. E, quando a vida voltava à sua normalidade, o encanto desaparecia e a felicidade, também.

Eu vivi assim por muitos anos, mas, aos poucos, fui me dando conta de que deveria haver algo errado comigo. Eu não era feliz. Não era possível acreditar que Deus, o supremo bem e a suprema felicidade, fosse permitir que seus filhos fossem felizes apenas algumas poucas vezes por ano. Engraçado que, mesmo tendo passado por algumas experiências muito positivas, eu tinha uma incapacidade de ficar alegre quando essas experiências aconteciam, pois minha mente sempre me levava à próxima etapa que eu desejava atingir.

A sensação era a de que eu não havia feito nada demais, que apenas cumprira as minhas obrigações. E que era preciso avançar para alcançar novas metas, enfim, ser aquele "grande homem" que meus pais e professores diziam que eu deveria ser.

Hoje, eu sei que a intenção deles foi a melhor possível, e não nego o quanto progredi na vida, graças ao estímulo que recebi. No entanto, essa busca incansável pela perfeição me trouxe um efeito colateral: eu não comemorava minhas vitórias, tampouco dava atenção aos pequenos prazeres da vida. Creio, até, que fui muito mais infeliz pela desatenção às pequenas alegrias da vida do que por não comemorar as grandes vitórias, porque estas foram poucas, mas aquelas aconteciam todos os dias.

Tal constatação desabou sobre mim num dia em que eu estava a caminho de um jantar com a família. Havíamos escolhido um bom restaurante. Mas confesso que, de minha parte, eu não me sentia feliz. Na minha cabeça, nem havia razão para estar. Era só um jantar. Nada mais. Eu dirigia calado, irritado com o trânsito lento, pensando em outras coisas que deveria fazer no dia seguinte, mal conversava com a família e nem apreciava a boa música que tocava no carro.

A vida, porém, me reservava uma grande lição. O congestionamento me obrigou a ficar com o carro parado por alguns minutos, em frente a um bar de esquina. Era um estabelecimento muito simples, pequeno, mas apinhado de gente, dentro e fora. Um aparelho tocava música alta e as pessoas, em pé (porque não havia mesas e cadeiras), cantavam e dançavam no bar e na calçada. Era possível notar que elas estavam bem vestidas, com roupas que o ambiente nem merecia, mas era nítido que elas haviam se vestido para uma noite de gala, pouco importando o ambiente simplório onde se encontravam.

Tive a certeza de que elas estavam felizes, se divertindo à beça, e que a felicidade delas não dependia das circunstâncias externas, mas de uma decisão que elas haviam tomado, de que seriam felizes naquele momento e naquele local. Elas entenderam o que eu custei muito a aprender: felicidade não é uma realidade objetiva, mas uma decisão subjetiva. Felicidade não é uma dádiva do céu, não é sorte para uns poucos, mas fruto de uma habilidade que todos nós podemos aprender. Aprender a ser feliz! E o primeiro passo para isso ocorre quando se toma a decisão de ser feliz. Afirma Marianne Williamson que "há sempre algo para se reclamar, mesmo nos melhores tempos. E há sempre algo a celebrar, mesmo nos piores tempos".[42]

Confesso que não deixei de sentir uma inveja daquela gente! Eles estavam celebrando a felicidade num ambiente em que eu, certamente, estaria reclamando. Pior do que isso: nem mesmo num local que, para mim, seria mais agradável, eu também não me sentiria feliz. Portanto, nada de fora me faria feliz, nem mesmo se eu estivesse no melhor restaurante do mundo! E fui percebendo que a minha infelicidade não era resultante de alguma circunstância externa. Eu não havia tomado a decisão de ser feliz onde eu estava e deixava de apreciar tudo aquilo que estava me acontecendo.

Eu fiquei triste com a minha infelicidade, mas, por outro lado, um leve sorriso de esperança brotou dentro de mim. A minha infelicidade poderia ser desaprendida! Escrevo isso de outro jeito: eu poderia aprender a ser feliz. E como fazer isso? Aprendi com Catherine Rambert: "a felicidade consiste em apreciar, prolongar e saber renovar as alegrias da vida".[43]

Aqui estão os fundamentos de uma felicidade aprendida: saber apreciar, prolongar e renovar as alegrias da vida! Naquela noite, preso num congestionamento, eu cometia grandes pecados em relação à felicidade. Eu não sabia

---

42 *Graça Cotidiana*, Rocco
43 *Pequena filosofia da manhã*, L&PM Editores.

apreciar o momento que eu estava vivendo. Não me concentrava nele. Minha mente me jogava para um outro momento, onde a felicidade, por certo, não poderia estar. A felicidade estava lá, comigo, mas era preciso que eu enxergasse isso!

Vamos começar a prestar mais atenção nessas alegrias da vida! E elas estão nos mais simples episódios da existência. Não é preciso que se esteja comemorando algo importante, uma data, um acontecimento. O simples fato de estar vivo e participando da vida é o grande fato que exige celebração! A felicidade gosta de quem celebra a vida nos seus mais simples encantos, porque quem celebra tem olhos de gratidão, dá valor à vida, se encanta com ela e em tudo passa a ver uma razão para ser feliz.

Além de apreciar, saber prolongar. Fixar o momento na memória. Expandi-lo. Intensificá-lo. Como alguém que está saboreando lentamente um novo alimento, descobrindo e fixando os seus sabores. Uma mesa de refeição ensina muita coisa em matéria de felicidade. Ensina a degustar, saborear cada tipo de alimento. Quem não sabe comer não sabe ser feliz!

Quero, agora, fazer um brinde à sua vida! À sua capacidade de ser feliz e aprender também tudo isso que tenho aprendido e que me tem feito mais feliz. Brindar às coisas boas que já aconteceram em sua existência e àquelas que acontecem neste exato momento. Brindar porque hoje você saiu da cama, está respirando, está participando da vida, podendo modificar o que pode ser modificado com sua força e coragem e aceitando serenamente o que escapa das suas mãos. Brindar aos seus talentos, brindar ao dom que existe em você de ser capaz de ser feliz.

Tim-Tim!

Andy Dean | Dollar Photo

21 Você Pode Fazer Mais

Trago, uma vez mais, a palavra sábia e amável de Cora Coralina – ela, que, a despeito de tantas lutas e sofrimentos que experimentou em sua vida, soube ser uma mulher feliz:

Não sei se a vida é curta ou longa demais pra nós, mas sei que nada do que vivemos tem sentido se não tocamos o coração das pessoas. Muitas vezes, basta ser: braço que envolve, palavra que conforta, silêncio que respeita, alegria que contagia. E isso não é coisa de outro mundo, é o que dá sentido à vida. É o que faz com que ela não seja nem curta, nem longa demais, mas que seja intensa, verdadeira, pura... Enquanto durar.[44]

Cora Coralina viveu 95 anos. Mesmo assim, afirmou não saber se a vida era longa ou curta demais. Uma vida bem vivida não se mede pelo número de anos em que se está na Terra. Não era esse o critério de Cora Coralina, nem deve ser o nosso. A felicidade não é o resultado aritmético da soma dos dias que vivemos neste mundo. Mesmo porque não temos um controle absoluto de quanto tempo permaneceremos aqui. Ninguém tem. Às vezes, temos uma saúde de ferro, e, no entanto, um motorista alcoolizado sobe com o carro desgovernado sobre a calçada e nos tira a vida, ainda tão promissora.

Quantas vezes saímos de cena inesperadamente, enquanto estávamos esperando a vida começar? Chico Xa-

---

[44] http://www.planetaeducacao.com.br/portal/artigo.asp?artigo=2081 – acesso em 04 de junho de 2015.

vier chegou a afirmar que é muito grande o número de espíritos que chegam ao outro lado da vida com remorso do tempo que perderam aqui na Terra. As palavras de Cora Coralina desejam evitar que tenhamos esse remorso futuro, porque ela afirma que a questão mais importante não é de vida longa ou vida curta, mas de vida intensa! E, para a poetisa, temos uma vida intensa quando tocamos o coração das pessoas.

Tocar o coração das pessoas dá sentido à nossa vida! Muita gente me procura se queixando de vazio existencial. O que eu acho, realmente, é que elas não estão vazias. Elas estão é cheias de si! Não cabe ninguém dentro delas, porque vivem uma vida extremamente voltada para si mesmas. A sensação de vazio de que elas reclamam se origina na ausência de troca, na completa falta de permuta de sentimentos, emoções, amizades, cumplicidade e amor. Como essas pessoas não tocam o coração de ninguém, também não são tocadas. Daí o vazio interior, a solidão, a melancolia, o amargor de uma vida sem sentido.

Cora Coralina sinaliza como podemos tocar o coração das pessoas.

Muitas vezes, basta ser: braço que envolve, palavra que conforta, silêncio que respeita, alegria que contagia.

Ao ler essas palavras, devemos nos indagar se temos tocado ou não o coração das pessoas. Vamos nos lembrar da regra de São Francisco, a quem Cora Coralina tanto admirava, de que é preciso amar para ser amado. Se estivermos nos queixando de carência afetiva, é porque, provavelmente, não temos tocado o coração das pessoas como poderíamos. Será que temos dado todos os abraços possíveis? Será que não existe alguém esperando, neste exato instante, um abraço nosso? Será que temos tido palavras de conforto, elogio, ou temos mais reclamado do que qualquer outra coisa? Será que as pessoas não estão esperando um pouco da nossa alegria, da nossa cara boa, quando chegamos em casa ou no trabalho?

Pode ser que você esteja se sentindo desconfortável com essas perguntas e até dizendo que as pessoas não agem assim com você. Mas escrevi essas linhas pensando no que Jesus afirmou, que *é maior felicidade dar que receber.*[45] Amar gera mais felicidade do que ser amado. Quando, espontaneamente, fazemos o bem para alguém, automaticamente, já fazemos bem a nós mesmos. Quando tocamos o coração de alguém, o nosso desperta também, bate mais forte, se alegra, seca a nossa carência e provoca uma incrível sensação de bem-estar!

Gostaria que você me acompanhasse na leitura dessa comovente história, em que corações foram tocados de uma forma extraordinária. É uma história real, passada na cidade de Phoenix, Estado do Arizona, Estados Unidos.

A mãe, de apenas 26 anos, parou ao lado do leito de seu filhinho de 6 anos, que estava morrendo de leucemia... Embora o seu coração estivesse cheio

---
45 Atos 20, 35.

de tristeza e angústia, ela também tinha um forte sentimento de determinação. Como toda mãe, ela gostaria que seu filho crescesse e realizasse os seus sonhos, mas isso não seria possível, pois sua doença estava em fase terminal. Mesmo assim, ela ainda queria que o sonho de seu filhinho se tornasse realidade. Ela segurou sua mão e lhe perguntou:

— Billy, alguma vez você pensou o que gostaria de ser quando crescer?

— Mamãe, eu quero ser um bombeiro.

A mãe deu um belo sorriso e lhe disse: Vamos ver se podemos transformar seu sonho em realidade! Mais tarde, naquele mesmo dia, ela foi ao corpo de bombeiros, onde se encontrou com um homem de coração enorme, seu nome era Bob. Ela explicou a situação de seu filho, contou sobre o seu último desejo e perguntou se poderiam dar uma volta pelo quarteirão no carro dos bombeiros. E Bob respondeu:

— Nós podemos fazer mais que isso! Se você estiver com seu filho pronto às 7:00h, na próxima quarta-feira, nós o faremos um bombeiro honorário por todo o dia! Ele poderá vir para o quartel, comer conosco e sair para atender às chamadas de incêndio. E, se você nos der as medidas dele, mandaremos confeccionar um uniforme para ele, com chapéu, emblema do batalhão, casaco amarelo igual ao que vestimos e botas também.

Três dias depois Bob pegou o garoto, vestiu-o em seu uniforme de bombeiro e escoltou-o do leito do hospital até o caminhão dos bombeiros. Billy ficou sentado na parte de trás e foi levado até o quartel central. Ele estava no céu! Ocorreram 3 chamados naquele dia e Billy acompanhou todos. Em cada chamada, ele foi em veículos diferentes: no caminhão tanque, na van dos paramédicos e até no carro especial do chefe do corpo de bombeiros. Ele também foi filmado por um programa da TV local.

Tendo seu sonho realizado, todo amor e atenção dedicados a ele acabaram tocando-o de uma forma tão profunda, que ele viveu 3 meses mais que todos os médicos haviam previsto. Até que, numa noite, todas as suas funções vitais começaram a cair drasticamente, e a enfermeira, por acreditar no conceito de que ninguém deve morrer sozinho, passou a chamar toda a família do garoto para o hospital. Ela lembrou o dia em que Billy tinha passado com os bombeiros, então ligou para o chefe e perguntou se ele poderia enviar algum bombeiro para ficar, pela última vez, ao lado do garoto. O chefe dos bombeiros respondeu:

– Nós podemos fazer mais que isso! Estaremos aí em 5 minutos e faça-me um favor: quando você ouvir as sirenes e vir as luzes dos nossos carros, avise no sistema de som que não se trata de nenhum *incêndio... É apenas o corpo de bombeiros indo visitar, mais uma vez, um de seus mais distintos integrantes! E, por favor, deixe a janela do quarto dele aberta, não esqueça disso, ok?*

Cinco minutos depois, uma van e um caminhão com escada Magirus chegaram ao hospital. Estenderam a escada até o andar onde Billy estava e 16 bombeiros começaram a subir pela escada até o quarto do garoto. Com a permissão da mãe, eles seguraram o menino, deram um abraço e lhe disseram o quanto o amavam, o quanto ele era importante para eles!

Com um sopro final, Billy perguntou ao chefe:

– Chefe, eu sou mesmo um bombeiro?

– Billy, você é um dos melhores!

Com estas palavras, Billy sorriu e fechou seus olhinhos, pela última vez...[46]

Ao ler essa história, talvez com lágrimas nos olhos, eu estou certo de que você pode fazer muito mais do que tem feito em sua vida para ser feliz.

---

[46] http://www.bombeirosemergencia.com.br/historiareal.html acesso em 04 de junho de 2015.

In Green | Shutterstock

22 Qual o Nosso Tamanho?

Como se mede uma pessoa? Essa é a interessante pergunta que a escritora Martha Medeiros se propôs a responder, e o fez com a sabedoria que lhe é própria. Ela classificou as pessoas em grandes e pequenas, não obviamente pelo critério de peso ou altura, mas pelo grau de sensibilidade que elas demonstram.[47] E veremos, mais adiante, o que isso importa para a felicidade.

Num breve resumo, que não dispensa a leitura da crônica, Martha aponta que uma pessoa é enorme para você quando fala do que leu e viveu, quando o trata com carinho e respeito, quando olha nos olhos e sorri destravado. É pequena para você quando só pensa em si mesma, quando se comporta de maneira pouco gentil, quando fracassa justamente no momento em que teria que demonstrar o que há de mais importante entre duas pessoas: a amizade.

Prossegue Martha afirmando que uma pessoa se torna gigante para você quando se interessa pela sua vida, quando busca alternativas para o seu crescimento, quando sonha junto. É pequena quando desvia do assunto. Tocou-me profundamente quando ela escreve que uma pessoa é única ao estender a mão, e, ao recolhê-la inesperadamente, se torna mais uma.

Ao refletir sobre tudo isso, fiquei me perguntando se sou uma pessoa grande ou pequena, única ou apenas mais uma... Qual é o grau da minha sensibilidade em relação ao próximo? Será que você também conseguiria refletir comigo?

Pensar sobre o nosso tamanho, vale dizer, sobre o tamanho da nossa sensibilidade em relação ao próximo, é vital

---

47 *Paixão Crônica*, L&PM Editores.

para a felicidade que tanto almejamos. Afinal de contas, como diria Tom Jobim:

> *Vou te contar*
> *Os olhos já não podem ver*
> *Coisas que só o coração pode entender*
> *Fundamental é mesmo o amor*
> *É impossível ser feliz sozinho.*[48]

Nas relações humanas, as coisas mais importantes, as fundamentais, somente o coração é capaz de entender. Quando Jesus recomenda, como regra suprema de vida, o exercício do amor (aqui compreendido o amor a Deus, ao próximo e a nós mesmos), ele está querendo dizer que a felicidade está umbilicalmente ligada à nossa capacidade de amar, porque a felicidade se concretiza entre as pessoas, com as pessoas e para as pessoas.

Tanto a felicidade, como a saúde também, se ligam diretamente à qualidade das relações que mantemos com os outros. Quando algo de muito bom nos acontece, não vemos a hora de contar isso para alguém, não vemos a hora de compartilhar aquela emoção com uma pessoa querida, não vemos a hora de celebrar e comemorar aquela conquista com as pessoas que torceram por nós. Não acredito que seríamos felizes vivendo numa ilha deserta, mesmo que todas as nossas necessidades materiais estivessem bem atendidas.

E, também na hora da nossa dor, não há conforto maior do que termos ao lado pessoas segurando a nossa mão, enxugando as lágrimas, animando o nosso coração ou, sim-

---
48 Canção intitulada *Wave*.

plesmente, escutando nosso desabafo. Quantas vezes nos sentimos sozinhos no interior da própria casa, mesmo cercados de todo o conforto? Tenho visto muita gente que, na hora da morte, quase não tem um amigo ou familiar por perto, ninguém que lhes faça uma simples oração. Partem sob o olhar compassivo de enfermeiros.

Estou convencido de que a felicidade, na sua raiz mais profunda, está associada à nossa capacidade de amar e ser amado. Ela depende não só do quanto sou capaz de cuidar das minhas necessidades, mas do quanto também sou sensível às necessidades do outro, procurando compreendê-las e atendê-las, sempre que possível, e me sentindo feliz com isso. Sem se descuidar de si, fazer o outro feliz é uma das maiores fontes de felicidade. Quando o filósofo Jean Paul Sartre afirmou que "o inferno são os outros", eu diria, com todo o respeito que ele merece, que essa afirmação tem fortes aspectos egocêntricos, já que, apoiando-me no escritor russo Dostoiévski, o maior inferno é a incapacidade de amar. Somente quando não amamos, quando não somos grandes, é que as relações humanas se tornam fontes de sofrimento e infelicidade.

Por essa razão, Marco Aurélio Dias da Silva, médico, afirmou com extrema acuidade: "Para os psiquiatras, a maturidade psicológica pressupõe um crescimento interior tal que o indivíduo esteja apto a ter um adequado controle de suas tendências egoístas, de sorte a lograr satisfazer às necessidades das outras pessoas e às do meio social em que se insere. Uma pessoa madura deve estar apta a dar, tanto quanto recebe, e deve extrair genuína e íntima satisfação do amor que dá".[49]

Peço que você analise comigo esses aspectos da maturidade psicológica, que, uma vez atingida, nos colocará no patamar da felicidade. Conjugando o pensamento inicial de Martha Medeiros com o da psiquiatria, podemos concluir, logo de início, que pessoa grande é aquela que atingiu essa maturidade; pessoa pequena é a imatura, que necessita crescer.

Crescimento interior. Talvez muitos de nós tenhamos o impulso de pular esse tópico, pois já nos acreditamos maduros, crescidos. Vale lembrar, porém, que, aqui, não estamos nos referindo a um mero conceito de madureza pela idade, pelo número de anos já vividos. Estamos falando de maturidade psicológica, e, nem sempre, o simples crescimento físico implica crescimento emocional. No mais das vezes, crescemos em idade, temos um relativo domínio da razão, mas, do ponto de vista emocional, agimos, invariavelmente, como crianças egoístas e feridas!

Pelo nível primário e infantil dos conflitos que muitas vezes se estabelecem entre as pessoas (quer no âmbito das relações afetivas e familiares, quer no âmbito das relações pessoais e de trabalho), até mesmo no círculo de grupos religiosos, a impressão que se tem é a de que estamos diante de crianças no "jardim da infância", tais os níveis de egoísmo, orgulho e narcisismo envolvidos nas contendas.

Com raras exceções, poucos aqui na Terra estariam fora do "jardim da infância". Se o amigo leitor se incluiu nesse grupo escolar, sinta-se tranquilo, porque você está acom-

---
[49] *Quem ama não adoece*, Best Seller.

panhado de muita gente, mas muita mesmo – inclusive de quem escreve estas linhas, sentado no mesmo banco que você. Saiba que nossa principal missão aqui na Terra é a de crescermos, deixarmos o "jardim da infância", deixarmos de ser gente pequena.

Certamente, na imensa maioria de nós, existe, lá na parte da floresta escura da nossa infância, um coração machucado, uma criança que não se sentiu amada, que, muitas vezes, foi agredida, violentada ou que não recebeu todo o amor que gostaria de ter recebido. E vamos todos para a vida adulta carregando por dentro uma criança ferida, machucada, que se sente rejeitada, e não amada.

Essa criança pode estar revoltada ou depressiva pelo amor que não recebeu, e, desde então, esse sentimento de desvalia passa a contaminar nossa vida emocional, a ponto de nos tornarmos adultos inseguros, frágeis, ora apáticos, ora agressivos, e totalmente indiferentes e insensíveis à vida das outras pessoas. Sentimos que temos um vazio interior ainda não preenchido, uma carência urgente de amor, de sermos aceitos e queridos, vivendo apenas e tão somente para saciarmos a nossa sede, pouco importando a vida do outro, a qual, no mais das vezes, nem conseguimos enxergar. É a gente pequena, que só pensa em si mesma! Mas, tenho certo, que sofre muito com isso, não é feliz, e justamente porque só pensa em si e só vive para si.

Se quisermos ser felizes verdadeiramente, é preciso crescer, é preciso parar de viver o papel da criança rejeitada que ainda está esperando o amor dos pais. Isso não faz mais sentido! Essa criança precisa crescer, precisa fazer o que Paul Ferrini aconselha: "Você parou de culpar os outros e de reclamar. Parou de procurar falhas. Parou de ser uma criança zangada e ferida. Parou de tentar castigar o mundo por abandoná-lo. Parou de descarregar sua fúria e simplesmente olhou nos olhos de Deus, e Ele piscou e disse: – Bem-vindo ao lar".[50]

Esse crescimento pressupõe dois caminhos em paralelo:

1) Amor a nós mesmos – passarmos a cuidar de nós, nutrindo-nos da aceitação e do afeto que esperamos dos outros;

2) Amor ao próximo, que começa nos primeiros degraus da percepção de que existe mais alguém no mundo além de nós mesmos e de que vivemos num regime de permuta constante, de modo que o amor que dou é o amor que recebo e, por conseguinte, o amor que retribuo, num círculo ininterrupto de alegria, paz e felicidade. A esse estado de ventura íntima é que Jesus chama de "Reino dos Céus".

Controle das nossas tendências egoístas. Nosso crescimento pressupõe não vivermos exclusivamente para os nossos interesses. Quando isso acontece, ficamos mergulhados num circuito de forças que não se renovam. O amor do outro me renova, a amizade me revigora, o sorriso que alguém me oferece me banha de energias profundas, o abraço de um coração amigo alivia a sensação de desamparo. Somos humanos – portanto, precisamos de contatos humanos, toques, olhares, risos, abraços, conversas e muita cumplicidade. Chico Xavier dizia a muitas pessoas que se queixavam de tristeza e falta de motivação na vida que o que lhes faltava era um sorriso que vinha dos outros!

---

50 *O Silêncio do Coração, Reflexões da Mente do Cristo*, Pensamento.

É importante que cuidemos de nós, mas que nossa vida não seja a nossa única razão de existir. Isso não é saudável, não nos fará bem, nem felizes. Precisamos nos interessar pela vida dos outros, pela vida das pessoas que convivem conosco, participar da vida delas, sem lhes invadir a privacidade, mas não nos isolarmos de tal modo que elas nos pareçam desconhecidas. Vamos começar esse trabalho de diminuição das tendências egoístas procurando saber como está a vida dos nossos filhos, dos nossos companheiros, amigos de trabalho. Procurar saber o nome do porteiro do prédio em que residimos, saber algo sobre a família dele, dos filhos, de alguma dificuldade que ele esteja passando. Isso é ser uma pessoa grande, como falou a Martha, aquela que nos faz bem, que torna nossa vida mais leve, que nos ajuda a dividir o fardo e que faz feliz a nós mesmos!

Como viver o restante de minha vida refém de um amor que não veio da infância, se tenho, agora, o mundo para amar e ser amado? Isso é crescer, isso é viver e ser feliz! Termino com os conselhos do poeta para quem quer se tornar gente grande:

Quem já passou por esta vida e não viveu
Pode ser mais, mas sabe menos do que eu
Porque a vida só se dá pra quem se deu
Pra quem amou, pra quem chorou,
pra quem sofreu, ai
Quem nunca curtiu uma paixão
Nunca vai ter nada, não
Não há mal pior do que a descrença

Mesmo o amor que não compensa
É melhor que a solidão
Abre os teus braços, meu irmão, deixa cair
Pra que somar se a gente pode dividir?
Eu francamente já não quero nem saber
De quem não vai porque tem medo de sofrer
Ai de quem não rasga o coração
Esse não vai ter perdão.[51]

---

51 *Como dizia o poeta*, Vinicius de Moraes e Toquinho.

Ollyy | Shutterstock

23

Despache a Sua Bagagem

A única atitude que, de fato, abre as portas da felicidade é a que ocorre quando se toma a decisão de ser feliz. Ninguém pode fazer isso por nós. Somos a única pessoa que sempre estará ao nosso lado, até o fim desta existência (e depois dela, também). Portanto, somos o nosso próprio terapeuta, somos o nosso melhor amigo, temos que nos colocar para cima, temos que nos motivar, enxugar nossas lágrimas, estender a mão para nos retirar do fundo do poço!

Richard Carlson, psicólogo americano, teve uma percepção que considero genial sobre a felicidade, ao dizer que ela é mais um deixar partir a infelicidade do que um esforço para obter a felicidade.[52]

Deixar partir a infelicidade. Para ser feliz, é preciso deixar partir a infelicidade que fez morada em nós através dos pensamentos e emoções que nos perturbam a mente e o coração. Vou fazer uma pequena lista das infelicidades que eu vou mandar embora. Se faltar algo, acrescente seus itens. A partir de hoje, eu deixo partir...

Os pensamentos que sempre me levam às coisas tristes do passado.

A sensação de que não sou bom o suficiente.

O sentimento de que não consigo despertar amor nas pessoas.

A tendência a dar excessiva importância a coisas pequenas.

A necessidade de querer agradar a todos.

O comportamento perfeccionista.

---

52 *Apud* Charles C. Manz, *Felicidade: a escolha é sua*, Best Seller.

A frieza diante das conquistas alcançadas.

O medo da opinião dos outros.

O desejo de estar no controle de tudo a todo o momento.

A sensibilidade exagerada diante de um "não".

O sentimento de onipotência.

A sensação de ser incapaz.

E aí? Faltou algum item na sua lista de adeus à infelicidade?

Lembre-se: felicidade é uma decisão! Decrete que, a partir de hoje, a infelicidade está de malas prontas da sua vida. Despache a sua bagagem, item por item. Isso vai exigir esforço, treino e perseverança. Mas vale a pena nos livrarmos do excesso de bagagem, que só atrapalha a nossa viagem pela vida!

Subbotina Anna | Shutterstock

24

A Oração que Cura

Quando os problemas o envolverem de tal forma que você não veja mais saída...

Quando a solução das suas dificuldades não depender mais dos seus esforços...

Quando a cura for uma palavra que os médicos não pronunciam mais...

Quando a noite de aflições parecer não ter mais fim...

Quando os parentes não o compreenderem...

Quando os amigos desaparecerem...

Quando a felicidade lhe parecer apenas uma miragem...

Quando você se julgar a pior pessoa do mundo...

Quando a ideia de pôr fim à própria vida começar a rondar a sua cabeça...

Pare e pense um minuto em Deus, porque Deus estará pensando em você, nesse exato minuto.

Ajoelhe-se, e admita a sua fraqueza. Deus compreende e o fará forte.

Aceite a sua derrota até aqui. Deus entende e o tornará um vencedor.

Admita que não tem sabido viver corretamente. Deus releva e lhe trará as lições necessárias.

Aceite que não tem sido uma boa pessoa para si mesmo. Deus ampara e quer o melhor para você.

Admita que você tem pessoas difíceis ao seu lado. Deus sabe disso e quer que você se torne fácil para elas.

Aceite as tempestades que se abatem sobre seu caminho. Deus quer que sua estrada seja florida.

Você pensa em desistir da vida, mas Deus jamais desistirá de você.

Suporte os terremotos que o sacodem! Deus apenas almeja levá-lo a um lugar melhor.

Enfim, diga a Deus que, a despeito de todas as dificuldades, você ainda quer viver, aprender e lutar.

E Deus transformará as chagas de suas dores em estrelas de felicidade.

Foi por isso que Jesus disse: *Felizes os que sofrem, porque Deus os consolará!*[53]

Neste exato instante, Deus nos traz força e consolação através da oração de um soldado desconhecido:

Pedi força a Deus para poder mandar;
Ele me fez fraco para que eu aprendesse a obedecer.
Pedi saúde a Deus para poder fazer coisas grandes;
Ele me deu a doença, para que eu pudesse fazer coisas melhores.
Pedi dinheiro a Deus para poder ser feliz;
Ele me deu a pobreza, para que eu fosse sábio.
Pedi poder a Deus para ter o respeito dos homens;
Ele me deu a fraqueza, para que eu pudesse sentir a necessidade de ter Deus.
Eu pedi todas as coisas de que gosto a Deus, para poder aproveitar a vida;
Ele me deu a vida, para eu poder aproveitar todas as coisas;
Não recebi nada do que pedi.
Mas tudo o que esperava.
Apesar de tudo, minhas orações não expressadas foram atendidas.
Sou, entre todos os homens, o mais rico e abençoado.[54]

---
[53] Mateus 5, 4
[54] Oração constante do livro *O Poder da Oração que Cura*, Dr. Larry Dossey, AGIR Editora.

goofer | Dollar Photo

25 *Enamorar-se*

Quando o Dia dos Namorados se aproxima, vejo gente contente, mas vejo também muita gente se achando a mais infeliz do mundo, porque não tem alguém ao seu lado. Aliás, isso não acontece somente no Dia dos Namorados. Noto muita infelicidade no rosto de quem está sem um parceiro afetivo. Curiosamente, há muita infelicidade também em quem tem alguém ao seu lado. Tem gente que sofre por ter amor de menos, e gente que sofre por ter amor demais...

Concluo, então, que a questão não é tanto ter ou não ter um namorado, um companheiro, mas ter amor em sua própria vida – seja a pessoa estando consigo mesma, enamorando-se da vida de uma forma tão gostosa, que nenhuma carência lhe tire o sabor agradável da própria companhia, seja se relacionando com outro alguém, não para que este a complete, mas para que a própria pessoa transborde todo o amor que tem dentro de si.

Pensando nisso é que resolvi escrever esse texto que publiquei em minha página do *facebook* no Dia dos Namorados,[55] e que suscitou muitas curtidas e comentários. Espero que você tire o peso que carrega por, eventualmente, não estar namorando. E, se tiver alguém ao seu lado, que esse amor seja leve, fácil e bem alegre.

***

Dia dos Namorados não deveria ser o dia apenas daqueles que têm alguém ao seu lado, porque, mais importante do que ter alguém, é ter, primeiramente, a si mesmo.

---

55 12 de junho de 2015.

Quantos vivem do amor do outro, sem um pingo de amor a si?

Ser namorado é melhor do que ter namorado. Porque aquele que tem hoje, amanhã, pode não ter. Mas aquele que é sempre o será, para a vida toda.

Para ser um bom namorado, é preciso, em primeiro lugar, enamorar-se da vida, estar de bem com ela, sem grilos, encucações e muitas exigências.

Para ser namorado, é necessário gostar tanto de você, aceitar-se de tal modo, gostar tanto da sua própria companhia, que não exista nenhuma carência que o faça desesperadamente depender de alguém para ser feliz.

E, quando você estiver namorando a vida, aberto para toda a complexidade, riqueza e mistério que ela encerra, sem cartilhas, pautas e lista de exigências, é possível que uma borboleta pouse em seu jardim.

E que esse momento seja a celebração maior da vida – a beleza, o amor e o gozo da borboleta enfeitando a rosa e da rosa perfumando a borboleta.

Para o amor, nada mais é preciso.

Photocreo Bednarek | Dollar Photo

26

Encontre a Sua Pérola

Preciso lhe contar uma história que vem de antigas tradições espirituais. É uma parábola sobre a jornada do homem na Terra, e tenho certeza de que, através dela, aprenderemos coisas importantes sobre a vida, sobre nós mesmos e sobre a felicidade. Jesus afirmou que o conhecimento da verdade nos liberta. Compreendo essas palavras como se nossos olhos estivessem cerrados para as verdades espirituais da vida, o que nos faz sofrer, pois, de olhos fechados, não sabemos quem somos, onde estamos e para onde vamos, e a toda hora nos chocamos com as demais pessoas que também vivem da mesma forma. Conhecer a verdade é abrir os olhos para a bússola que guia a nossa jornada pela existência. Essa história fará com que cada um de nós comece a andar pela vida de olhos abertos. Vamos a ela:

Um jovem príncipe aspirava assumir o trono. Embora seu pai fosse um rei justo e bom, ele já estava velho, e o príncipe, cheio de vida. Ele confidenciou ao pai o seu desejo, e o rei, sábio, mesmo gozando de boa saúde, apesar da idade avançada, concordou com os propósitos do filho. Mas o rei exigiu uma condição: ele abdicaria do trono se o filho se tornasse vitorioso numa difícil missão. Seu objetivo seria encontrar uma pérola que estava no mar, próxima a uma perigosa serpente sonolenta. Se o príncipe conseguisse retornar com a pérola, ele assumiria o trono, sendo coroado como o novo rei.

O jovem aceitou a condição imposta pelo pai e iniciou a árdua e longa viagem até o Egito, estabelecendo-se próximo ao covil da víbora, à espera da melhor ocasião para retirar a pérola, enquanto o horrendo monstro estivesse dormindo. O príncipe se trajava ao estilo egípcio, para não levantar suspeitas, e os habitantes locais o acolheram e lhe deram de comer. No entanto, depois de tanto se alimentar e esperar, o jovem perdeu a memória, esqueceu-se de que era filho do rei, esqueceu-se da missão que o havia levado àquele lugar e acabou caindo em um sono profundo.

Muito tempo se passou, e o rei ficou preocupado com o que estava se passando com o filho. Era preciso ajudá-lo. O rei escreveu uma carta, dotada de poderes mágicos, para despertar o príncipe de seu sono, lembrá-lo de quem ele era e qual o objetivo de sua jornada – conseguir a pérola, voltar para casa e tomar seu lugar no reino. A carta mágica tomou a forma de uma águia, para voar até o príncipe e transmitir-lhe a mensagem.

Ao som das asas batendo e de sua bela voz, o jovem príncipe despertou do sono profundo, recebeu a mensagem de seu pai e lembrou-se imediatamente de quem era. Percebendo que as palavras da carta já estavam marcadas em seu coração, ele passa a prestar atenção às orientações. De um só golpe, encanta a serpente, pega a pérola, livra-se dos trajes egípcios e retorna para casa.

A carta, cheia de magia, é que o guia com amor. Ao fim de sua expedição, o príncipe percebe que adquiriu maturidade, concluindo que a pérola não tinha valor monetário algum – era a sua própria "natureza divina" – e que todos os aspectos infantis de sua falsa identidade haviam desaparecido por completo. A partir de então, ele estava pronto para ser um rei justo e bom, como seu pai.[56]

Que verdades essa história nos faz enxergar? Tirei algumas conclusões, que eu gostaria de dividir com você, sem a pretensão de esgotar assunto tão vasto. Na verdade, a história nos ajuda a compreender algumas questões essenciais da vida, sem as quais a felicidade pode ficar longe de nós.

Estamos em uma jornada espiritual. Esse ponto é fundamental. Assim como o príncipe na história, nós também temos uma missão na vida. Viemos a este mundo exatamente para realizar essa missão. O príncipe achou que sua missão era resgatar a pérola, mas, depois de conseguir seu intento, ele percebe que aquela, que não tinha nenhum valor econômico, foi apenas o pretexto para que ele percebesse a sua natureza divina, o que somente foi possível graças aos esforços que precisou empreender para resgatar a pérola.

---

[56] Texto adaptado do livro *A Bússola da Alma*, Joan Borysenko e Gordon Dveirin, Prumo.

Nós também viemos a este mundo para perceber o quanto somos divinos! O objetivo final de nossa vida não é a conquista da riqueza exterior, do poder e do prestígio. Isso pode até acontecer (e não há mal algum nisso), mas tais condições são apenas meios para que cada um descubra a si mesmo como uma pérola preciosa! Uma pérola que vai sendo talhada com o esforço do trabalho. Que vai sendo lapidada com a descoberta dos seus próprios talentos. Que vai sendo polida com o abandono dos nossos aspectos infantis de querermos tudo pronto, acabado e perfeito, feito pelos outros e sem qualquer contribuição de nossa parte.

Viver é assumir esses desafios de crescimento! José Saramago afirma que "nossa maior tragédia é não saber o que fazer com a vida".[57] O príncipe soube o que fazer com sua vida. Ele saiu de sua zona de conforto. Ele poderia esperar o rei morrer e aguardar o dia em que, naturalmente, viesse a assumir o trono. Enquanto isso, viveria exclusivamente do ócio. Mas viveria feliz? Tenho certeza de que não, porque ele não estaria vivendo a sua jornada espiritual, que era encontrar a sua pérola interior. O príncipe que foi ao encontro da pérola foi muito mais feliz do que o príncipe que aguardava o pai morrer para assumir o trono!

A felicidade passa, necessariamente, por essa busca e realização. Segundo Luís Erlin, filósofo e teólogo, a etimologia da palavra "feliz" provém do latim Felix, palavra que, originalmente, queria dizer "fértil", "frutuoso" (que

---

57 *O que você pode aprender com José Saramago*, seleção e edição de Andréa B. Salgado.

dá frutos), "fecundo".⁵⁸ O príncipe se tornou um homem feliz porque deu frutos, realizou a missão de resgatar a pérola e, a partir dela, a missão de se tornar rei.

Uma das grandes fontes da felicidade está em podermos dizer coisas como: "eu fiz", "eu consegui", "eu venci", "eu realizei". E isso nada mais é do que a descoberta da natureza divina de cada um de nós, que somente é percebida quando saímos da nossa zona de conforto, quando abandonamos o medo, quando deixamos a preguiça e o comodismo e vamos buscar a pérola no mar da vida, mesmo que serpentes estejam por perto, mesmo que o mar esteja agitado.

Quem sabe o príncipe tivesse lido esse poema de Gonçalves Dias:

Não chores, meu filho;
Não chores, que a vida
É luta renhida:
Viver é lutar.
A vida é combate,
Que os fracos abate,
Que os fortes, os bravos
*Só pode exaltar.*⁵⁹

Esquecemos de quem somos. Tal qual ocorreu ao príncipe, ao nos distanciarmos do nosso "reino", ao vestirmos as vestes que não são as nossas, ao nos alimentarmos demasiadamente, perdemos a memória de quem somos

---

58 *Caminhos para a Felicidade*, Editora Ave Maria.
59 http://pensador.uol.com.br/frase/MjUzNDU5/ - acesso em 12 de julho de 2015.

e caímos em sono profundo. Distanciar-se do reino é esquecer a nossa natureza divina, esquecer que Deus habita o nosso coração. Buscamos Deus tantas vezes fora de nós, longe de nós! Vivemos a falsa dualidade de um Deus no Céu e do homem aqui na Terra, como se pai e filho estivessem separados e distantes, muito distantes um do outro.

Sentir Deus em mim é uma fonte inesgotável de felicidade! Sentir Deus em mim é sentir a perfeição em mim, é sentir que sou fruto do amor, sentir que possuo todas as qualidades para viver feliz. No entanto, sob o calor das provações, nós nos esquecemos da nossa natureza divina, e nos acomodamos a uma visão pequena e deformada de nós mesmos.

Acreditamos que somos fracos, medrosos, doentes, infelizes e rejeitados, e passamos a viver como órfãos abandonados. Isso é a verdadeira infelicidade! Vivermos como "coitadinhos", vivermos nos alimentando do sentimento de dó que os outros possam ter por nós, ao passo que a nossa jornada espiritual é descobrir toda a nossa riqueza interior. Mas, para isso, é preciso aventurar-se pela vida, enfrentar os mares revoltos e as serpentes que nos assustam.

Desperte para o seu poder e sua missão! O momento mais perigoso para o príncipe não foi o instante em que ele se aproximou da serpente para resgatar a pérola. Foi o momento em que ele perdeu a memória de quem era e da missão que tinha a cumprir. O mesmo acontece conosco. Em nossa jornada espiritual, frequentemente, nos esquecemos de quem realmente somos. Jesus se referiu a nós como dotados de três atributos grandiosos:

1) *Vocês são deuses;*[60]
2) *Vocês são a luz do mundo;*[61]
3) *Vocês são o sal da terra.*[62]

Mas, quase sempre, não acreditamos nisso. Nossa baixa autoestima não deixa que acreditemos nessas verdades, porque se amar sempre foi tido como um grande pecado. Por isso, via de regra, estamos distantes da nossa verdadeira natureza, que é luz, perfeição e amor. Mas, se não nos amamos, se não nos vemos como filhos da bondade de Deus, se o pecado em nossa vida se tornou mais forte do que o amor, acabamos perdendo a memória de quem somos e da missão que viemos realizar no mundo.

Estamos dormindo. E, muitas vezes, quem irá nos acordar desse sono profundo são as cartas mágicas, que podem surgir em forma de sonhos, sinais, sincronicidade, revelação, doenças, acontecimentos nocivos...[63] Tenho visto pessoas realizarem grandes transformações em suas vidas após terem passado por graves doenças. Elas me dizem, por exemplo, que o câncer transformou o modo como elas viviam, fez uma revolução na sua escala de valores e prioridades de vida, e elas se tornaram muito mais felizes após a doença. E reconhecem que, na verdade, elas eram muito infelizes antes de passarem por tais percalços.

---

60 João 10, 34.
61 Mateus 5, 14.
62 Mateus 5, 13.
63 *A Bússola da Alma*, Joan Borysenko e Gordon Dveirin, Prumo.

Essas pessoas entenderam o recado das cartas mágicas. A doença não foi um aviso da morte. Foi o recado sobre a vida que elas não estavam vivendo. E, a partir de então, fizeram as transformações necessárias para que pudessem viver a felicidade que não estavam vivenciando. Infelizmente, contudo, o que vejo é que a grande maioria ainda não entendeu o recado das cartas mágicas. As pessoas querem a cura para voltar à mesma vida de antes. Desejam uma reaproximação conjugal para voltarem a ser as mesmas pessoas que levaram a relação à ruína. Não há cura sem transformação, não há melhoria sem progresso, não há felicidade sem que a gente perceba as pérolas que trazemos no coração.

O reino da felicidade nos aguarda. Acordemos para a nossa divindade, lembremos que a nossa missão no mundo é ser feliz! E não nos assustemos com as serpentes – elas apenas dormem. Na verdade, somos nós que não podemos mais dormir diante de tanta beleza, alegria e amor, que a vida nos reserva!

Ah, esqueci de dizer, não sei se percebeu: você acabou de ler uma carta mágica que Deus, amorosamente, lhe mandou...

diego cervo | Dollar Photo

27
A Equação da Felicidade

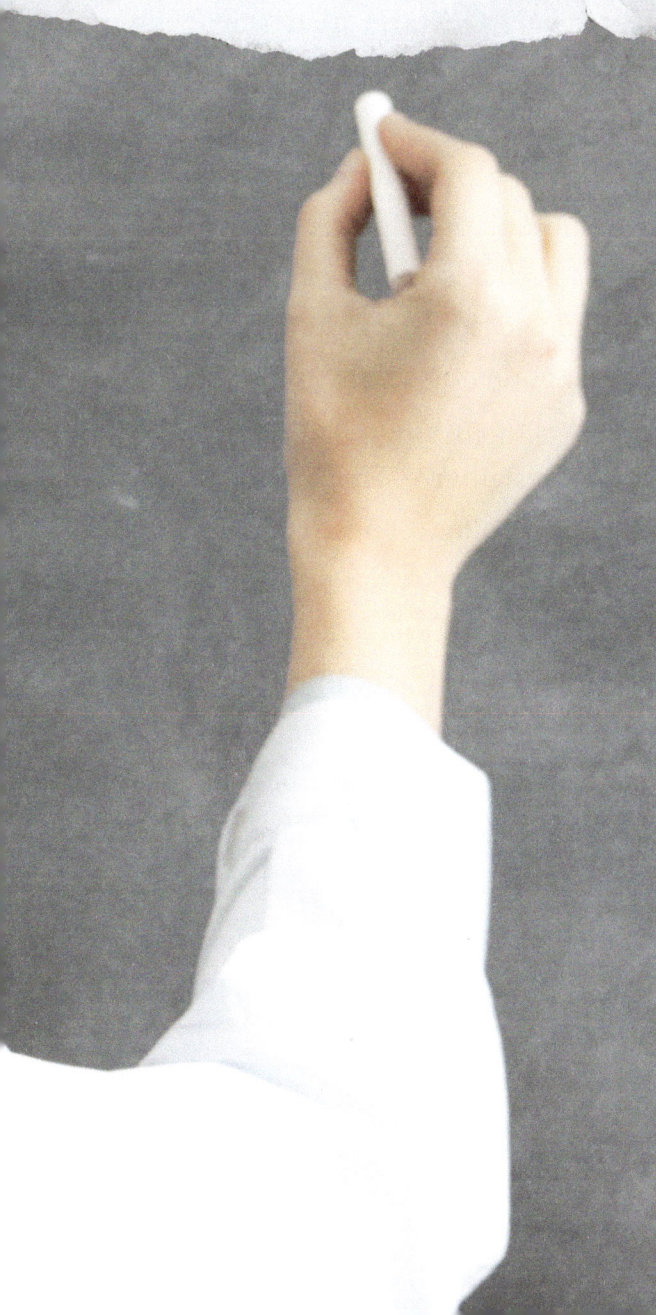

Paul Dolan é um economista inglês que passou os últimos dez anos pesquisando o que leva alguém a ser feliz. Por seu trabalho notável, ficou conhecido como "o guru da felicidade". Recentemente, ele concedeu uma interessante entrevista à *Revista Veja* sobre a "equação da felicidade".[64] Gostaria de destacar alguns pontos chave que ele mencionou como os principais componentes de uma vida feliz.

É possível criar felicidade. Senti uma satisfação grande ao ler isso, porque é um dos princípios que venho defendendo em meus livros. A felicidade não é uma graça, felicidade não é sorte, obra do acaso. Felicidade é consequência de uma habilidade que podemos desenvolver para, então, criá-la, senti-la, percebê-la e prolongá-la (você já deve ter lido isso algumas vezes neste livro). Uma habilidade ao alcance de todos nós e, quanto mais conscientes disso, mais felicidade seremos capazes de criar em nossa vida.

Um dos conselhos de Paul Dolan para criarmos felicidade é o seguinte: "Minha orientação para quem quer ser mais feliz é centralizar o tempo e a energia naquilo que realmente lhe faz bem. Uma vez que, por definição, a atenção que damos a uma coisa é necessariamente a que não damos a outra, é preciso racioná-la e distribuí-la da melhor maneira possível".

Trocando em miúdos: gaste mais tempo com aquilo que o faz feliz. Muitas vezes, ficamos o dia todo envolvidos por asfixiante rotina de trabalho e por preocupa-

---

[64] *Veja*, edição 2434, de 15 de junho de 2015.

ções com problemas nas diversas áreas de nossa vida, dos mais banais aos mais complexos. E o dia passa inteirinho sem que tenhamos um único minuto de prazer, de folga, de alívio das tensões. Paul sugere que organizemos a nossa agenda para que esses momentos de prazer apareçam com mais frequência em nossa rotina.

Eu acrescentaria outra recomendação: não vamos perder tempo com coisas pequenas, assuntos menores, contratempos que nos irritam, desgastam as nossas energias e em nada contribuem para a nossa paz e felicidade. Gaste tempo com boas conversas, assuntos interessantes, pessoas agradáveis e descomplicadas, tudo isso regado a música, livros, flores, passeios, caminhadas, muitas risadas e uma infinidade de coisas que nos fazem bem.

Gratificação postergada. Esse é um termo usado pelos economistas e de que Paul Dolan se vale para sugerir que as atividades menos prazerosas da nossa vida deveriam, pelo menos, oferecer algum propósito. Ele dá um exemplo para ilustrar a proposta: parar de fumar. Enquanto se tenta abandonar o cigarro, surge um inequívoco desconforto físico e emocional.

Não é prazeroso naquele momento, mas a gratificação vem depois, com mais saúde e mais tempo de vida. É importante que, no momento em que estamos sentindo algum desconforto, pensemos, imediatamente, na gratificação que virá logo mais. Isso ameniza o desprazer do momento e nos motiva a prosseguir, na busca do prazer que virá em seguida.

Eu penso nisso quando estou na esteira da academia. Confesso que acho uma chatice ficar andando sem sair do lugar, num lugar que, convenhamos, não me inspira coisas agradáveis. Muitas vezes, até, tenho vontade de sair correndo. Mas, quando me dá essa vontade de pular e correr para o sofá de casa, procuro me concentrar na gratificação que virá depois e que surge logo que o exercício termina: sinto-me mais disposto, energizado, jovial, e com mais saúde física e mental para realizar todas as demais coisas que gosto e que me dão muito prazer.

Estabeleça boas relações sociais. Paul Dolan afirma que, em todas as pesquisas científicas realizadas, seja no âmbito da psicologia ou da medicina, seja no âmbito da própria economia, o resultado chega sempre ao mesmo ponto: pessoas felizes têm boas relações sociais. Por essa razão, ele diz que estar perto de quem gostamos, amigos ou familiares, é especialmente prazeroso. A tendência a isolar-se, a não cultivar amizades, a evitar relações mais íntimas, a distanciar-se da própria família coloca em risco a felicidade, quando não a nossa própria saúde emocional.

Essa conclusão de Paul Dolan também é confirmada pelo Dr. Ruut Veenhoven, o sociólogo que criou o *World Database of Happiness*, o maior banco de dados do mundo sobre felicidade. Ele sustenta que, com base nas pesquisas realizadas, é possível concluir que a competência para conviver pode ser um grande aliado da felicidade.[65]

---
65 Apud Leila Ferreira, *A arte de ser leve*, Editora Globo.

Não basta, então, estar ao lado de quem se gosta. É preciso saber conviver, também. E não apenas com quem se gosta (embora haja maior razão para isso, é evidente), mas com todos aqueles que, pelas mais variadas circunstâncias, cruzam os nossos passos.

Pensando em como deve se estruturar essa competência para conviver, eu me recordo da mais importante proposta feita por Jesus: "façam aos outros o que querem que eles façam a vocês".[66]

Foi, então, que eu me perguntei: como eu gostaria de ser tratado pelas pessoas em geral? Fui respondendo e anotei o seguinte:

Eu gostaria de ser tratado com gentileza e cordialidade. Gostaria, também, de ser respeitado em minhas opiniões e ser aceito do jeito que eu sou. Apreciaria ser elogiado quando fizesse alguma coisa legal. Estimaria que tivessem paciência quando eu estivesse irritado. Que não me levassem tão a sério quando eu estivesse nervoso. Que, simplesmente, me abraçassem quando eu estivesse triste. Que me ouvissem quando eu quisesse desabafar, e que não me dessem conselhos sem que eu os pedisse. E, quando eu fizesse alguma besteira, que me perdoassem e continuassem meus amigos e acreditando em mim.

No meu caso, ter competência para conviver implica fazer tudo isso aos outros. Acho que, assim, não serei pesado para ninguém. Já basta o peso da própria existência! Se eu conseguir ser tudo isso, como tenho tentado,

---

[66] Mateus 7, 12.

meus relacionamentos serão, sem dúvida, a maior fonte de felicidade que eu poderia descobrir.

Benefícios da felicidade. De acordo com as pesquisas de Paul Dolan, as pessoas felizes são mais produtivas, mais saudáveis, ficam menos doentes, são mais sociáveis, ajudam mais os outros e vivem mais. Segundo pesquisa por ele referida, os felizes crônicos podem ter um aumento de até seis anos de vida. Embora tal notícia não deva ser desprezada, creio que o melhor de tudo não é saber quanto tempo a mais de vida ainda teremos, mas com que qualidade de vida preencheremos os nossos dias. Viver feliz cada dia é a melhor equação da felicidade.

O resto é consequência.

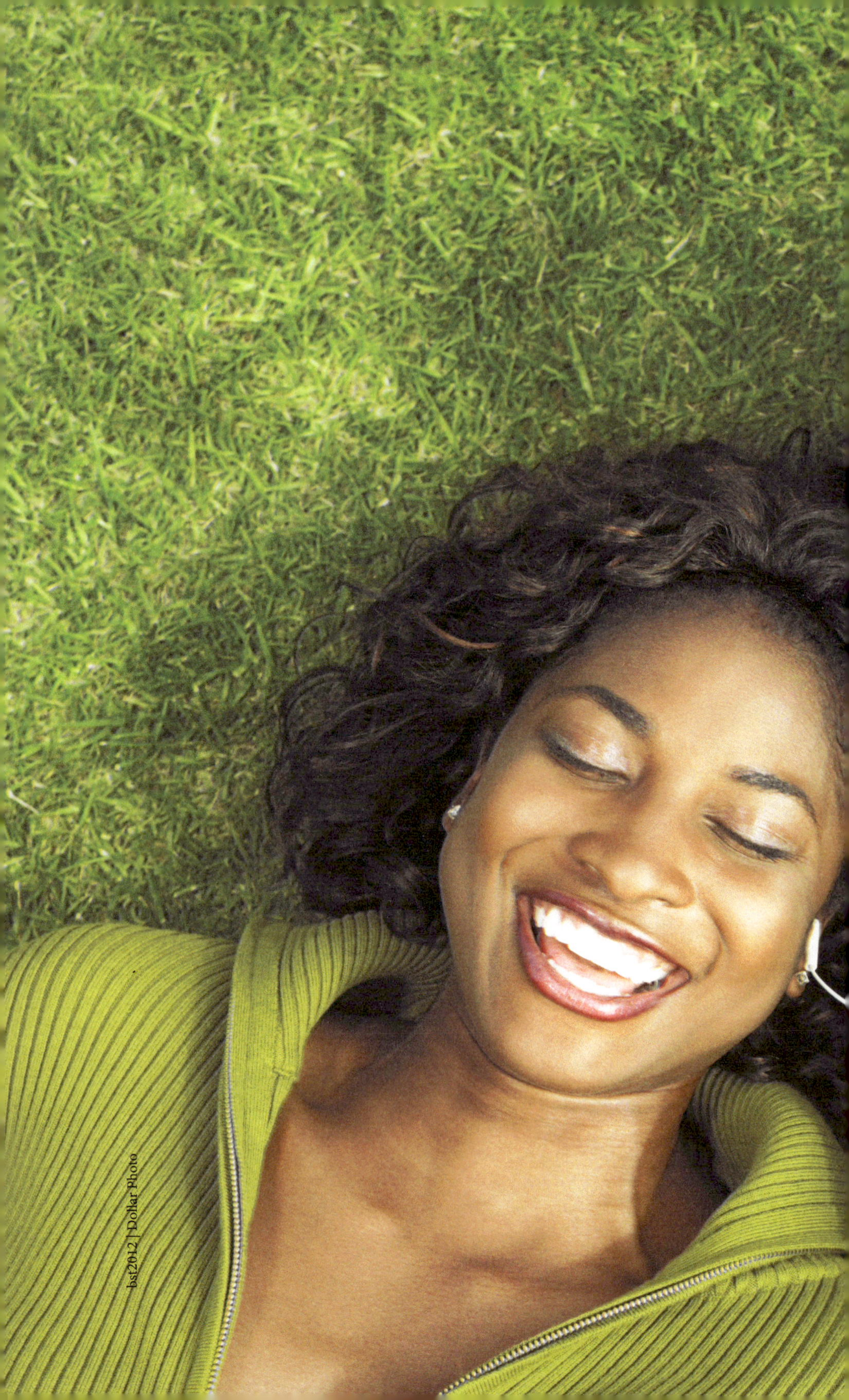
bst2012 | Dollar Photo

28 O Que Você Faz Para Ser Feliz?

Uma campanha publicitária do *Grupo Pão de Açúcar* teve como tema a seguinte pergunta a respeito da felicidade: "O que você faz pra ser feliz?" Sem entrar no mérito da propaganda, achei a pergunta bastante adequada, porque provoca a reflexão de que felicidade não é uma dádiva do céu, um prêmio de loteria, não depende de sorte ou de se ter uma boa estrela. Felicidade é construção, habilidade que se aprende, atitude que se toma, caminho que se escolhe.

Felicidade é jeito. É escolha, e não destino. É fruto do ângulo pelo qual preferimos ver os fatos, de saber dar importância às coisas certas e aprender o desapego ao que nos faz sofrer. Felicidade é devolução, resposta e colheita das sementes felizes que andamos plantando pela vida! Por isso, a pergunta a que me referi no início do capítulo nos ajuda a olhar para o jardim da nossa vida e ver se estamos sendo um bom jardineiro.

Antes de escrever este capítulo, eu mesmo respondi à pergunta. Fiz isso por mim, para ver como está o meu jardim, que cuidados tenho tomado, quanto amor tenho dado, quantas sementes de felicidade tenho plantado. Ao fim da minha lista, constatei que meu jardim não está abandonado, mas poderia estar melhor. Já lhe adianto, porém, que as respostas não serão fáceis de achar. É possível que estejamos trabalhando mais para sermos infelizes do que para sermos felizes. Certamente, o mérito da pergunta está exatamente aí: inverter essa equação, provocar em nós o desejo de fazer mais pela nossa felicidade, muito mais!

Então, vou lhe contar o que está na lista do que eu faço pra ser feliz:

Ouvir música.

Ler.

Aprender.
Escrever.
Estar entre amigos.
Exercícios físicos.
Abraçar meus filhos.
Estar reunido com a família.
Não dar tanta importância às coisas pequenas.
Ter uma palavra de conforto a oferecer.
Abraçar uma criança.
Lembrar da minha mãe.
Ensinar.
Aceitar-me como sou.
Prestar um auxílio.
Motivar as pessoas.
Orar.
Não me levar tão a sério.
Respeitar meus limites.
Andar sem destino pelas ruas do centro da cidade de São Paulo.
Celebrar os bons momentos da vida.

Elaborei a minha lista com a esperança de que você também faça a sua. Quem sabe, um dia, você me mostra? Mas é importante você se lembrar de uma coisa: se a sua lista estiver minguada, não fique decepcionado. Ela pode ser aumentada todos os dias! Quando acordar pela manhã, pergunte-se o que você fará para ser feliz nesse dia. É o maior compromisso que você assumirá perante a vida, o que lhe dará os maiores rendimentos de alegria. E não se esqueça: a gente começa a ser feliz quando decide fazer o que nos faz felizes.

E você, o que você faz pra ser feliz?

Alexey Teterin | Dollar Photo

29

O Poder da Escolha

A seguinte mensagem de Charles Chaplin me abriu os olhos para um aspecto fundamental da felicidade: o poder de escolha das nossas reações diante de tudo o que nos acontece. Espero que ela possa abrir os seus olhos também.

É minha função escolher que tipo de dia vou ter hoje.

Posso reclamar porque está chovendo ou agradecer às águas por lavarem a poluição.

Posso ficar triste por não ter dinheiro ou me sentir encorajado para administrar as minhas finanças, evitando o desperdício.

Posso reclamar sobre a minha saúde ou dar graças por estar vivo.

Posso me queixar dos meus pais por não terem me dado tudo o que eu queria ou posso ser grato por ter nascido.

Posso reclamar por ter que ir trabalhar ou agradecer por ter trabalho.

Posso lamentar decepções com amigos ou me entusiasmar com a possibilidade de fazer novas amizades.

Se as coisas não saíram como planejei, posso ficar feliz por ter hoje para recomeçar.

O dia está na minha frente, esperando para ser o que eu quiser. E aqui estou eu, o escultor que pode dar forma. Tudo depende só de mim.[67]

---

[67] *Provérbios de Charles Chaplin*, seleção e edição de Willian Castro, Editora 101 Seleções.

A capacidade de ser feliz depende de como usamos o nosso poder de escolha. Chamo isso de "poder", porque cada um de nós decide, livremente, como reagir diante das mais variadas situações que nos acontecem. Em regra, a felicidade ou a infelicidade derivam da maneira como decidimos enxergar os fatos que nos sucedem. E cada um tem o poder de ver da forma como desejar, cada um tem o poder de decidir como vai se comportar diante dos acontecimentos, sobretudo diante de problemas e obstáculos.

Quanto maior for a minha habilidade de bem exercer esse poder, mais feliz eu serei, porque farei boas escolhas, que me trarão resultados bons. Logo no início da mensagem, Chaplin afirma que temos a possibilidade de escolher que tipo de dia vamos ter. As pessoas felizes, quando acordam, conscientemente ou não, tomam a decisão de que terão um dia feliz. No decorrer das horas, muitas situações acontecerão, mas elas, em função da opção feita por um dia feliz, darão destaque aos bons acontecimentos e minimizarão ao máximo as ocorrências negativas. Pode ser que nada de grandioso aconteça, mas elas encontrarão nos pequenos acontecimentos do dia motivos para serem felizes. Quantas vezes a felicidade está exatamente naquilo que a gente subestima ou ignora?

Mesmo diante dos problemas que surgem a todos nós, os felizes escolhem olhar para os obstáculos de uma forma positiva, de modo a minimizarem as sensações negativas do acontecido, não se tornando reféns perpétuos de situações que, embora desagradáveis e, às vezes, muito difíceis, podem e devem ser superadas.

Tomemos, por exemplo, a figura de Nelson Mandela, símbolo da luta contra o *apartheid* (política de segregação racial). De prisioneiro político, encarcerado por 27 anos, voltou à liberdade já aos 72 anos de idade. Após longo período de cárcere, chegou a dizer: "A prisão, longe de enfraquecer nosso espírito, tornou-nos mais determinados a continuar nesta luta até a vitória".[68]

Mandela fez uma opção ao ser preso: não deixar que seus sonhos morressem na diminuta cela em que permaneceu privado da liberdade, durante muito tempo. Ele poderia ter desistido, ter se julgado definitivamente derrotado. Mas ele escolheu ficar mais determinado para continuar lutando por seus sonhos de igualdade. Mesmo tendo sido libertado aos 72 anos de idade, época em que muitos já perderam seus sonhos e caminham ao encontro do anoitecer de suas existências, Mandela escolheu continuar vivendo por seus ideais, sendo eleito presidente da África do Sul aos 76 anos de idade, o primeiro presidente negro do seu país!

Como presidente, empreendeu todos os esforços para acabar com a segregação racial, sem guerras e sem qualquer espírito de vingança contra aqueles que o haviam perseguido. Trabalhou arduamente por um regime onde

---

[68] https://www.google.com/culturalinstitute/exhibit/nelson-mandela-anos-de-pris%C3%A3o/gRkC01Qr?hl=pt-BR – acesso em 20 de junho de 2015.

negros e brancos se tratassem como irmãos. Cumpriu seu mandato de 4 anos e, após, deixou a vida política, mas continuou lutando pelas causas sociais, pela paz entre os povos, e morreu, feliz, aos 95 anos de idade.

Tudo foi uma escolha que ele continuou fazendo todos os dias de sua vida. Nós, também, fazemos escolhas, a todo momento. Cada escolha nos levará a um determinado caminho. A felicidade depende de escolhas felizes. Se, diante de uma ofensa, eu escolho ficar indefinidamente magoado, não posso esperar pela felicidade, porque eu não optei pelo caminho que me leva a ela. Se, ao contrário, eu escolho o caminho do perdão, do esquecimento e da generosidade, diante das imperfeições alheias, vou rápido ao encontro da felicidade, pois tomei a estrada que me leva a ela.

Certa feita, eu li, já não me lembro onde, que Charles Chaplin, passeando por uma cidade europeia, teve notícia de que ali se realizaria um concurso para eleger o melhor imitador de Chaplin. Ele ficou muito curioso com o certame e, inusitadamente, resolveu se inscrever, sem contar nada a ninguém sobre a sua verdadeira identidade. No dia do concurso, plateia cheia e um selecionado corpo de jurados, seis candidatos se apresentaram, incluindo o próprio Chaplin. E sabe qual foi o resultado? Chaplin perdeu, ficou em terceiro lugar. E ele contava essa história aos seus amigos, rindo de si mesmo, cheio de graça, dizendo que havia gente bem melhor do que ele mesmo!

Essa postura foi uma boa escolha que Chaplin fez. Ele poderia ter tomado satisfação com a organização do evento. Como alguém poderia imitar Charles Chaplin melhor do que ele próprio? Mas ele escolheu o riso, o lado engraçado da situação, aceitou aquela ironia com bom humor.

Chaplin nos ensina que somos os escultores da forma como a nossa vida vai ser. E essa escultura é definida pelas escolhas que fazemos a todo instante. Tudo pode ter um jeito melhor de se ver, de se sentir, de se caminhar. E esse jeito melhor somos nós que escolhemos!

Fracasso ou recomeço.

Ingratidão ou gratidão.

Mágoa ou perdão.

Pessimismo ou otimismo.

Inércia ou atitude.

Pesadelo ou sonho.

Complicar ou simplificar.

Fazer guerra ou viver em paz.

Odiar ou amar.

Isolar ou integrar.

Ter razão ou ser feliz.

Orgulho ou humildade.

Morte ou vida.

O que vamos escolher? Tudo depende de nós. A vida está em nossas mãos! O destino depende de nossas escolhas! A felicidade está nos chamando! Pergunto outra vez: o que vamos escolher? Vou adaptar a letra da música "Depende de Nós", de Ivan Lins, para falar diretamente ao seu coração:

Depende de você
Se já foi ou ainda é criança
Que acredita ou tem esperança
Se faz tudo pro seu mundo melhor

Depende de você
Que o circo esteja armado
Que o palhaço esteja engraçado
Que seu riso esteja no ar
Sem que você precise sonhar

Que os ventos cantem em seus galhos
Que as folhas bebam orvalhos
Que o sol descortine mais as suas manhãs

Depende de você
Se seu mundo ainda tem jeito
Apesar do que você tem feito
Se a vida sobreviverá

Vivian Ferrelli

30 A Maior Missão de Nossa Vida

Talvez, grande parte dos meus leitores saiba que eu professo a fé espírita. Há mais de vinte anos, venho divulgando o Espiritismo através de palestras, livros, programas de rádio, redes sociais e participando de um grupo de estudo e prática espírita na capital de São Paulo.[69] Meu propósito, porém, não é o de arrebanhar seguidores para a doutrina espírita, aumentar o número de adeptos. Meu ideal tem sido o de aumentar o número de pessoas felizes, e creio que o Espiritismo traz uma contribuição valiosa para isso.

A condição de espírita não me isenta do respeito que devo às pessoas que possuem outros credos, ou mesmo àquelas que não possuem religião alguma. Não tenho a pretensão de achar que o Espiritismo é melhor do que outras religiões. Como disse certa vez o Dalai Lama, líder mundial do budismo, a melhor religião é aquela que te faz uma pessoa melhor. Eu posso dizer que o Espiritismo tem feito isso em mim, na medida em que me ajuda a viver melhor comigo e com as pessoas à minha volta.

O mundo de Deus é muito grande para que nele exista apenas uma única estrada. Religiões são estradas, e cada um tem o direito de escolher a sua, mas, ao final, todas elas vão se encontrar no mesmo ponto: um lugar onde o amor se transforme na única religião, onde o respeito ao próximo seja a principal lei, onde a fraternidade integre todos nós num só povo, numa só raça, num só rebanho.

Caminhando pela estrada do Espiritismo, eu tenho aprendido algumas coisas que me ajudam a ser feliz, e

---

[69] Grupo Espírita Esperança (www.grupoesperanca.com.br)

quero dividi-las com você. Como disse, se você não for espírita, fique tranquilo para ler o que vou lhe contar a respeito do que tenho visto e aprendido na estrada que tenho percorrido. Você pode muito bem continuar na sua própria estrada, e, quem sabe, se valer da minha experiência para enriquecer a sua caminhada. Eu também tenho feito isso. Continuo firme no caminho que abracei, mas isso não me impede de olhar, refletir e aprender com a experiência de irmãos que estão percorrendo caminhos diversos do meu. Afinal de contas, quem pode dizer que tem a posse de toda a verdade?

Dizem que a verdade é um grande espelho que se quebrou em mil pedaços. Cada pessoa tem apenas um desses pedaços, que reflete aspectos da verdade total, a qual somente Deus possui na sua integralidade. E, como faz tempo que eu já não me acho mais um deus, que descobri que tenho apenas um pedaço desse espelho, vou apresentar a você o que vejo através daquele que o Espiritismo colocou em minhas mãos e que tem me ajudado a viver feliz.

Somos espíritos eternos. Aprendi que nossa verdadeira natureza é espiritual. Não somos o nosso corpo. Basta ver que, no momento em que o espírito se desliga da matéria, o corpo se torna um cadáver, isto é, sem vida. O espírito é que dá vida à matéria! O corpo é uma vestimenta que o espírito usa durante o período em que ele permanece na Terra. Terminada a jornada, a alma regressa ao mundo espiritual com o acúmulo das experiências obtidas. A morte é apenas o término da experiência na Terra, e não propriamente a morte do espírito que estagiou por aqui e que continua sua caminhada, em outra dimensão. O espírito não morre; apenas muda de endereço cósmico, para uma das infinitas moradas existentes na casa do Pai, conforme a expressão utilizada por Jesus.

Essa visão me ajuda a ser feliz, porque dissolveu em mim o fantasma da morte como o fim de tudo. Era angustiante pensar que eu deixaria de existir e que nunca mais voltaria a ver as pessoas que amo. Era torturante pensar que Deus havia colocado o sentimento de amor em cada um de nós, como o fundamento mais importante da vida, e que, depois que as pessoas conseguissem se amar, todo aquele sentimento lindo nascido entre elas desapareceria por completo com a morte, para nunca mais ressurgir.

O Espiritismo me trouxe alento, ao me mostrar que, após a morte do corpo, o espírito permanece vivo, e, assim, o amor com ele segue, para sempre. Por isso, vale a pena amar, vale a pena ser bom, vale a pena ser justo e ético, vale a pena construir relações saudáveis, que, além de nos proporcionarem momentos de grande felicidade aqui na Terra mesmo, prosseguirão conosco além das fronteiras da morte. Onde formos e onde estivermos, o amor que damos e recebemos estará conosco!

Certa feita, estando numa festa entre amigos, apresentaram-me uma senhora muito simpática e sorridente. Ela estava ao lado de um rapaz que me pareceu ser seu filho. Procurando estabelecer um diálogo, perguntei-lhe quantos filhos ela tinha. Mantendo o sorriso, ela respondeu: "Tenho dois filhos, este aqui ao meu lado é o mais jovem, e o outro filho já se encontra no mundo espiritual". E falou tudo isso sem qualquer nota de tristeza em suas feições. Ela, certamente, sentia saudade do filho, mas tal sentimento não a tornou uma pessoa infeliz. Ela sabia que o filho continuava vivo e que, um dia, cedo ou tarde, o reencontraria na pátria espiritual!

Estamos numa jornada para aprender a amar. Segundo a doutrina espírita, nós viemos à Terra para criar amor em nossos relacionamentos. Essa é a nossa mais importante missão de vida! Poderemos ser um profissional de sucesso, muito competente, mas, se tivermos dificuldades constantes de nos relacionarmos bem com as pessoas, não estaremos realizando a nossa principal missão de vida. Posso ser um profissional de renome ou uma pessoa de grande poder ou prestígio, mas, se não converso com meu filho em casa, se não trato carinhosamente os familiares, se desprezo funcionários ou colegas de trabalho e esqueço os amigos em suas horas de dificuldades, minha principal tarefa que me trouxe à Terra estará sendo esquecida.

Do ponto de vista espiritual, nosso planeta pode ser visto como uma escola de educação dos sentimentos. Não seremos felizes apenas à custa da satisfação dos nossos instintos. Os animais também comem, bebem, dormem e se reproduzem. Mas nós não viemos ao mundo apenas para isso! Viemos, principalmente, para aprender a amar, de acordo com aquela sublime síntese apresentada por Jesus: amar a Deus, amar ao próximo e a amar a si mesmo.

De acordo com os estudos espíritas que tenho feito, quando voltarmos ao mundo espiritual, nenhum tribunal nos aguardará para julgamento. Nossa própria consciência mostrará nossos erros e os acertos, indicando o quanto avançamos, ou não, na missão de criar amor em nossa jornada pela Terra. Por isso, a consciência não nos perguntará quantos bens materiais acumulamos, mas quanto amor nós demos, quanto bem fizemos, quanto carinho distribuímos, quantas lágrimas secamos, quantos sorrisos provocamos, quantas pessoas levantamos, quantas amizades construímos, quantas ofensas esquecemos, quantas inimizades desfizemos!

Quem acordar no mundo espiritual apenas com as riquezas que ficaram na Terra, certamente, não se sentirá feliz, porque, fatalmente, já não era verdadeiramente feliz enquanto fez a sua passagem por aqui. Bens materiais, por mais valiosos sejam e por mais conforto nos proporcionem, ainda não cabem em nosso coração. Mas aquele que despertar com o coração cheio dos bons sentimentos que cultivou no coração das pessoas, este, sim, sentirá a alma feliz, pois já era feliz aqui na Terra.

Diante dessa previsão do que nos sucederá após a morte, tenho aprendido com o Espiritismo que não devemos esperar a nossa passagem para termos uma provável crise de consciência no além! Ninguém deve esperar morrer para, então, descobrir-se infeliz, justamente porque não aprendeu a amar enquanto esteve na Terra. Acumulou coisas, mas não trouxe pessoas no coração – sequer conseguiu amar a si mesmo!

Aprender a ser feliz a partir da condição humana. Em minhas reflexões espíritas, eu me indagava se não seria melhor fazer todo esse aprendizado diretamente no mundo espiritual, ao lado de almas já evoluídas, evitando, assim, ter que passar por uma vida material cercada de limitações e problemas. Depois de muito meditar, concluí que não.

Quando Deus nos faz viajar do mundo espiritual para o mundo físico, ele deseja que nós aprendamos a criar amor e felicidade nesta dimensão mais terrena, ainda limitada e imperfeita. Nós não faríamos tal aprendizado vivendo num mundo já perfeito e acabado, num mundo superior à nossa própria condição evolutiva. Ele nos põe num mundo sem tanto amor exatamente para aprendermos a criar mais amor! Não estamos aqui para gerar mais guerras e conflitos, ódios e disputas; não estamos aqui para matar as pessoas, e, sim, para aprender a amá-las, respeitá-las, ajudá-las a partir do amor que damos a nós mesmos.

Tenho aprendido com Chico Xavier que estamos encarnados na Terra para nos humanizarmos,[70] isto é, tornarmo-nos humanos, reconhecendo nossas fraquezas e virtudes. Não somos nem animais nem anjos. Somos, simplesmente, humanos! Segundo o dicionário Houaiss, "humanizar-se" é tornar-se benévolo, ameno, tolerável, mais sociável, mais tratável. Quando me humanizo, sou mais feliz, porque me torno uma pessoa melhor para mim e para o próximo.

Dentro dessa visão que o Espiritismo me oferece, aprendo que a felicidade pode e deve ser vivida por nós aqui na Terra mesmo, desde que não tenhamos expectativas exageradas a nosso respeito e a respeito das pessoas e situações pelas quais devemos passar. Quanto mais compreen-

---

70 *Entender Conversando*, IDE

dermos a nossa natureza humana, sem nos acomodarmos a ela, e, ao mesmo tempo, sem exigirmos de nós mesmos e dos outros uma perfeição angelical, que ainda está distante das nossas atuais possibilidades, é muito provável que a felicidade comece a brotar em nossa vida, como aquele filete de água que nasce de uma fonte pequenina e que, pouco a pouco, vai se transformando num rio de águas caudalosas.

***

Num resumo de tudo, felicidade me parece isso: um bom olhar sobre tudo. Não ter da vida expectativas exageradas. Olhar para mim e para as pessoas com benevolência, sabendo que a nossa condição humana, por si só, ainda é contraditória, pois, a um só tempo, somos luz e sombra, somos capazes de gestos nobres e de atitudes extremamente primitivas.

Ser feliz é aceitar as suas incongruências e as dos outros também, é ficar em paz consigo e com o próximo.

Ser feliz é ser humano, não é querer ser equilibrado o tempo todo, ser normal o tempo inteiro à custa de um perfeccionismo doentio e de uma felicidade inatingível, mas ser um bom equilibrista quando estivermos no trapézio da vida.

De tudo o que o Espiritismo tem me ensinado, o que mais me ajuda é saber que eu não sou um espírito pronto, perfeito e acabado, que tem a obrigação de saber tudo, acertar sempre e nunca cometer deslizes. Aprendi que posso errar, mas que é melhor aprender com meus erros do que me culpar. Aprendi que posso me magoar quando me ofendem, mas que é melhor perdoar, porque, amanhã, será a minha vez de magoar alguém. Aprendi que estou aqui na Terra para criar amor em meus relacionamentos. Por isso, as pessoas que cruzam meu caminho são os melhores presentes que Deus me ofereceu. Aprendi que devo saborear as minhas vitórias, e não me aniquilar nas derrotas.

Aprendi, enfim, que a viagem pela Terra é relativamente curta, que não tenho muito tempo pela frente, e, desta forma, não posso desperdiçar os meus dias com chatices, comprando brigas por besteira, infernizando a minha vida com traumas ou mágoas que precisam ser superados, e não alimentados.

Diante da perspectiva de que, um dia, essa viagem terá fim, aprendi que é melhor aproveitar o roteiro, tirando da vida apenas o que de melhor ela tem a oferecer.

A morte ainda não o tocou! Pense nisso. Você tem uma vida pela frente! Não importa quanto tempo ainda lhe reste, mas como você viverá esse tempo. Há pedras preciosas encravadas nas coisas mais simples da sua vida. Sua missão, doravante, será perceber isso. E, a partir de então, simplesmente, ser feliz.

É o que lhe desejo, do fundo do coração!

Para receber informações sobre nossos lançamentos, títulos e autores, bem como enviar seus comentários, utilize nossas mídias:

intelitera.com.br
- @ atendimento@intelitera.com.br
- ▶ intelitera
- ⊙ intelitera
- f intelitera

jcdelucca.com.br
- ▶ José Carlos De Lucca
- ⊙ josecdelucca
- f orador.delucca

Esta edição foi impressa pela Lis Gráfica e Editora no formato 155 x 230mm. Os papéis utilizados foram o Papel Off Set 90g/m² para o miolo e o papel Cartão Supremo 250g/m² para a capa. O texto principal foi composto com a fonte Sabon LT Std 12,5/18 e os títulos em Alana PRO Bold 36/38.